中外巨人传

商　鞅

张　茜　著

辽海出版社

图书在版编目（CIP）数据

商鞅 / 张茜 著. —沈阳：辽海出版社，2014.8
（中外巨人传）
ISBN 978-7-5451-3152-9

Ⅰ．①商…　Ⅱ．①张…　Ⅲ．①商鞅（前 395 年～前 338 年）—传记
Ⅳ．①B226.25

中国版本图书馆 CIP 数据核字（2014）第 167230 号

责任编辑：柳海松
责任校对：顾　季
装帧设计：马寄萍

出 版 者：辽海出版社
　　地　　址：沈阳市和平区十一纬路 25 号
　　邮　　编：110003
　　电　　话：024-23284473
　　E-mail:dyh550912@163.com
印 刷 者：天津海德伟业印务有限公司
发 行 者：辽海出版社

幅面尺寸：165mm×230mm
印　　张：12.5
字　　数：123 千字

出版时间：2016 年 5 月第 1 版
印刷时间：2019 年 1 月第 2 次印刷
定　　价：29.80 元

·目　录·

前　言

商鞅（前395—前338），战国时代政治家，法家代表人物。卫国国君的后裔，姬姓，公孙氏，故称为卫鞅，又称公孙鞅，后封于商，后人称之为商鞅。在秦国执政十九年，秦国大治，史称商鞅变法。著有《商君书》。

商君者，卫之诸庶孽公子也，名鞅，姓公孙氏，其祖本姬姓也。鞅少好刑名之学，事魏相公叔座为中庶子。

商鞅，卫国国君的后代，生于破落卫国贵族之家。卫鞅他的祖辈是卫国的国君，按照"诸侯之子曰公子，诸侯之孙曰公孙"的礼制，他又名"公孙鞅"。秦孝公后来封他在商、于之地，号为商君；所以，后人乃称他为"商鞅"。不过，尽管卫国到了他这一代已经逐渐走向衰退，他还是从小接受法学思想，读了很多书，汲收了很多学问，知识渊博，是一位很有学养的法家人物。司马迁说商鞅"少好刑名之学"，从他日后所作所为来看，那是一点也不错的。尸佼（前390—前330），战国时代晋国（又有说是鲁国、楚国）人，法家。最早是商鞅的门客，商鞅策谋曾听于尸子，又参与商鞅变法的策划。商鞅被杀后，逃入蜀国。主张"令名自正，令事自定，赏罚随名，民莫不敬"。要求确立并根据法律制度进行统治。著有《尸子》，但已遗失。刘向《荀子书录》说尸子著书

"非先王之法，不循孔氏之术"。商鞅同尸佼学习法家文化，尸佼虽是杂家人物，然而，在开拓商鞅的知识层面来说，起了相当大的作用。李悝，周定王五十四年（前455）生，周安王七年（前395）卒，战国时魏国人，战国时期著名的政治家，法家代表人物。李悝为魏文侯到武侯时人，曾受业于子夏弟子曾申门下，作过中山相和上地守。上地在河西，故李悝经常和秦人交锋作战。桓谭以为李悝为文侯师，班固、高诱以为是文侯之相。李悝的生平事迹，已难确知其详，使他在历史上留下永久名声的，是他任魏国国相时的变法改革。李悝变法使魏国经济得以迅速发展，国力日益强大，成为战国初期的一个强盛的国家。我们可以这样说，商鞅少年时不但学习过李悝的学问，而且，他和后来的商学派也实践过李悝部分的理想。据说商鞅从师于李悝。而李悝公元前455年生，卒于公元前395年，而商鞅则是约前395年—前338年，从时间上讲应是见不到吧，可为什么说他的老师是李悝呢？李悝在魏国推行变法，他的"尽地利之教"，"平籴"政策，重农思想，任人为贤的精神，不仅使魏国称雄于诸侯，而且成为整个封建社会中每个王朝治乱振兴的基本国策。而他所作《法经》是中国历史上第一部较为系统的封建法典。而商鞅从魏入秦，帮助秦孝公实行变法，就是带着这《法经》去的，其变法的很多思想来源于李悝。

关于商鞅的出身和师承，史书上的记载大体有以下线索：

1．《史记·商君列传》："商君者，卫之诸庶孽公子也，名鞅，姓公孙氏，其祖本姬姓也。鞅少好刑名之学，事魏相公叔座，为中庶子。"

2．《汉书·艺文志》班固注杂家《尸子》："名佼，鲁人，秦相商君师之。鞅死，佼逃入蜀。"

3．《隋书·经籍志》杂家记载："《尸子》二十卷，目一卷。梁十九卷。秦相卫鞅上客尸佼撰。其九篇亡，魏黄初中续。"

4．刘向《别录》："楚有尸子，疑谓其在蜀。今案尸子书，晋人也，名佼，秦相卫鞅客也。卫鞅商君，谋事画计，立法理民，未尝不与佼规也。商君被刑，佼恐并诛，乃亡逃入蜀，自为造此二十篇，凡六万余言，卒，因葬蜀。"

5．《魏书·刑罚志》："商君以《法经》六篇入说于秦。"

6．《晋书·刑法志》："魏文侯师李悝，悝著《法经》六篇，商君受之以相秦。"

7．（唐）长孙无忌《唐律疏议·名例篇》："魏文侯师于李悝，集诸国刑典，造法经六篇，一盗法，二贼法，三囚法，四捕法，五杂法，六具法。商鞅传授，改法为律。"

从这些记载中我们能够得到的比较确切的信息有二：其一，商鞅"少好刑名之学"。这大体不会错的，否则就不会有其后的法家商鞅了；其二，商鞅与尸佼、李悝关系非同一般。至于到底是"师生"关系还是"主客"关系，那就还是个有待探究的谜。

综上所述，商鞅发蒙受教于鬼谷子，从公叔痤熟习吏治，继承并发展了李悝的法治，并受到尸佼的影响和点拨。

初出茅庐不得志，客栈受困

魏昂回到府衙，刚刚坐定，有探子来报，魏王派了乐羊、田子方两位将军领五万大军前来助战，大军已到城郊。魏昂闻报赶忙出城迎接，把两位将军请到府衙叙话。魏昂就把大战十昼夜，奇袭秦军粮草，火烧秦军，活捉公子良平等项经过，一一给两位将军叙述了一遍。两位将军听后，深服魏昂之能，暗喜魏国后继有人。乐羊、田子方两位将军想就此别过，回都城缴令。魏昂说："两位将军既然来了，不如在这里把玩几日再走，在下也好尽一尽地主之宜。"于是魏昂下令摆酒与两位将军洗尘。

没过几日，秦国遣使议和：情愿把魏国新得秦国的十座城池割给魏国，以换回公子良平。魏昂立即上书上报魏王，魏王同意议和。这里魏昂将公子良平交给秦国使者，秦国使者把十城的地图交给魏昂。魏昂把地图交给乐羊、田子方两位将军，托他们带回都城，呈报魏王。

从此以后，秦魏两国边境宁静无事。

公孙鞅离开卫国，在路非只一日，这一日来到魏都，希望能有所施展自己的远大抱负。

第二日无事便到街上闲走，这魏都人烟稠密，街上摩肩接踵，酒肆饭馆林立，布店钱庄遍布，三街六巷热闹非常，好一个繁华所在。午时，肚中有些饥馁，便来到一家饭店门首，招牌上写着"德升楼"三字，公孙鞅觉得这三个字吉利，就迈步走了进来，寻了西首一个靠窗的座位坐定，要了酒菜，一个人慢慢的用饭。饭店的客人真多，你刚走，我又来，人群熙熙攘攘，人们边吃边谈，好不热闹。

东首桌上有几个食客，看模样是当地之人，要了一桌丰盛的菜肴，边吃边谈，坐在东边的人说："田国相真是国家栋梁，你看我们魏国多么富庶，这都赖田国相之力呀。"

坐在西边的人附和道："是呀，咱们魏国什么事不是井井有条啊。没有国相行吗？"

坐在南边的人说："是呀，田国相家有食客几百，听说国相每逢有难决之事，就向他们请教，你想想，国相还能没有好的治国之策吗？"

坐在北边的人说："是呀，是呀，那些食客哪个没有一点出奇的能耐，敢在相府做食客呀？"

东边的人又说："相爷待那些食客真是不错，朝中的点校官朱仓原来就是国相家的食客。"

西边的人又说："是呀，相爷如此看中他们，他们能不尽心竭力地为相爷出谋划策吗？"

真是说者无意，听者有心。公孙鞅想：此次我来魏国，没想到魏国相是个好客之人，也许我的机缘在此，也未可知。

于是，匆匆吃过午饭，离开饭店，回客栈去了。回到客栈他还兴奋不已，心想：我就要有出头之日了，我的才华就要有施展的地方了。在非常激动的心情中，他找了一身干净整齐的衣服放在手边，准备明天穿上去见相国。

晚上，他躺在床上，辗转反侧，兴奋得难以入眠，他想：我到了相府一定好好表现，不久，我就会被田国相看中，国相就会把我推荐给魏王，魏王会给我个官职，我再继续好好表现，为魏国出谋划策，不久，魏王也会重用于我，我就会成为魏国的大臣，说不定魏王还会封我个侯爷什么的。整个夜晚他都兴奋得没有睡着，就这样在床上折腾了一夜。

次日，太阳出来了，阳光洒满大地，也洒进客栈的小院子里，院子里的红梅，粉嫩粉嫩的，开满了枝头，梅树枝上有几只喜雀，叽叽喳喳叫个不停。公孙鞅听到喜雀欢快地叫声，抬头看看，只见满树梅花，被阳光一照，显得娇艳无比，几只喜雀在梅树枝头上叽叽喳喳地唱歌，它们从这个枝头跳到那个枝头，欢快地嬉戏，碰落了几片红红的梅花瓣，梅花瓣忽忽悠悠地飘落下来，洒在了公孙鞅的身上。公孙鞅心中十分愉快，他做了一个深呼吸，清晨新鲜的空气，浸入脾肺，让他有说不出的愉悦。

用完早餐，他穿戴整齐，就奔相府而来。

相府就是相府，气派不同凡响，门楼巍峨壮观，门口一对老大个石狮子，让人不由得心生敬畏之心。大门右首摆放着十几顶大轿，左首栓马桩上栓着十几匹高头大马。还不断有轿子停在相府门口，有骑马的武将过来把马栓在相府门口的栓马石上。

公孙鞅看到这种情形，心想：相府今天可能有什么事情，要不就是召开什么会议，今天来的真不是时候。可是他还不死心，于是走上前一拱手，求守门士卫通禀一声，守卫说："相爷今天有要事，不见客。"

公孙鞅无奈，只得退下，无精打采地回到客栈，一进门就听见几只麻雀在梅树枝头聒噪，让人心烦意乱。不知什么时候天阴了，梅花也神色暗淡地挂在枝头，颜色发暗，毫无光泽，着实让人郁闷。面对此情此景，他口打咳声，心想：难道我就如此不顺吗？忽然间，雪花悄无声息地飘落下来，寒冷的北风也刮了起来，倏然间天冷许多。公孙鞅不由得打了个寒禁，他抬眼望望那风雪中的梅花，依然怒放在枝头，不畏半点风寒，而麻雀却无影无踪了。梅花尚且能不惧风寒，我难道面对困境就畏缩不前了吗？今天不见，我明天再去，明天不见，我后天再去，所谓精诚所至金石为开，我就不相信我见不到田国相！

第三日，他又早早起来，用完早饭就向相府走来，远远望见，车马比昨日的更多，再往相府的门楼上看去，上面挂着白花黑布。看到这情形，他心头猛然一惊，险些栽倒在地上，心想：莫非田国相归天了？他有点不相信自己的眼睛，定睛再瞧，没错，门楼上就是挂着大孝，车马上也多佩素饰。他心里还存几分侥幸，悄悄上前打听，得知田国相今早寅时三刻业已驾鹤仙游去了。

公孙鞅退下来，回到客栈一头栽倒在床上大哭了一场。心想：我怎么如此背时呀！难道说我的命运就如此乖张？难道说我的满腹经纶就这样要烂在肚子里不成？思前想后，愈想愈气闷，竟郁郁地病倒了。

开始的时候，店家还算不错，能以礼待之，为其请医抓药；后来盘缠尽了，店家的态度就变了，不再理会于他；再后来，欠下了店家的房钱和饭钱，店家的言语就难听起来。

有一天，店家气冲冲地端进来一碗清得能照出人影的稀饭，一片白萝卜咸菜，半个窝窝头，往桌上一墩，说："没钱的穷鬼，还想投奔相爷，也不撒泡尿照照自己的模样，有没有那个福份？

没有钱，就不要来住店，赶快滚吧。"

公孙鞅站起身来，想要分辩，刚说"店家"两字，那店家便不由分说，恶狠狠把一碗稀饭劈脸泼了过来，又把那半个窝窝头向公孙鞅砸来，嚷道："你这个没有良心的东西，白吃白住还嫌不好，还想骂人，还想动手打人，你真是个没有良心的东西！赶紧走，不要在我这个店里住了。小二儿，快把他的东西收拾一下，让他走！"说着便去拖拽公孙鞅。

公孙鞅本是个读书之人，手无缚鸡之力，再加上病了这么一个来月，身上有气无力的，被店家连拖带拽把他推出了店门，店小二儿把公孙鞅的东西收拾收拾卷吧卷吧一并扔了出来。

公孙鞅坐在店门外真是欲哭无泪。

才华初露

店门口吵吵闹闹，引来许多围观的人，人们在那里议论纷纷，言说着世态炎凉。不想这吵闹之声，却早惊动了打猎归来的京都卫戍长公叔痤大人。这公叔痤大人是管理京都保卫和治安工作的，他为官清廉，刚正不阿。因此这魏都一向都平安无事，百姓安居乐业，也没有什么偷盗之事发生，甚至连邻里吵架的事情都很少发生。公叔痤还是个十分爱才的人，家中养有几十个食客。这一日闲来无事，就到城外行围打猎，归得城来，看前面人头攒动，乱哄哄，围了不少人，就派人上前询问，围观的人便一五一十地讲说了事情的过程。公叔痤听说此人曾求见于前国相，只因国相亡故，不曾得见。"此人兴许有些本事。要不何以要求事于国相呢?"想到这里，便吩咐道："把此人带上回府。"

回到府衙，公叔大人便延医为其治病，很快公孙鞅的病就好了。原来，公孙鞅有什么病呀，不过是投人不着，抑郁成疾，再加之饭食不周，自然大病了一场。此时，有人医治，又有饱饭吃着，自然很快就好了。只不过心情还是那么抑郁，整日里少言寡语，闷闷不乐。公叔痤也好像把他忘记了，好像没有救回过这么个人似的。公孙鞅就这样在公叔痤的府上做一名下等食客，一晃五六个月就过去了。

说来事有凑巧，也是合该这位公孙鞅崭露头角。有一天下午，公叔痤大人神色慌张地回到府衙，急急忙忙地收拾行装。夜间突然召集家人及食客开会，言说：他有个朋友叫张明，为人侠肝义胆，他们俩有八拜之谊，金兰之情，同在朝中为官，那一年魏国宫廷兵变时，张明被挟制参与了叛乱活动。后来，魏惠王复国，要严惩叛乱之人，张明自然也在被惩之列，因朋友之谊，他私下把张明藏匿了起来，后来趁便把他送出魏国去了。这是好多年前的事了。现在不知道是谁把这件陈年往事抖了出来，他恐见罪于魏王，因此决定要逃往他国。因是逃跑，须得隐秘行动，不便带许多人从，他要求大家各自取些银两散去，也不枉主仆一场。

公孙鞅一听，他的头脑中的智慧立刻让他精神起来，脸上的抑郁之情一扫而光，他腾腾腾上前几步，噗通一声跪到在地，大声说道："小人蒙大人救治，又留小人在此食住，要不是大人的善举，小人早已命丧黄泉，小人未报大人大恩之万一，岂肯离大人之左右，小人誓死追随大人。"

公叔痤是个重情重义之人，此时他正在危难之际，听到如此忠肝义胆的言语，不觉流下热泪，激动地说："本座本身性命难料，岂肯连累尔等。不要再说了，退下去吧。"

公孙鞅见公叔痤动了真情，有了进言之机，便朗声说道："但不知大人您逃往何处？"

公叔痤一怔，本不想回答，但听此人说话十分沉稳，似话中有话，便说："本座想逃往中山。"公叔痤说话的底气十分不足。

公孙鞅说："大人您怎么知道中山王能收留您呢？而敢轻身去投？"

"这位是？"公叔痤没有想到这会，有人这样和他说话，看看眼前的人，眼生的很，似乎在那里见过，可是一时又想不起来，于是问道。

　　管家赶忙上前一步说："这就是你几个月前救回来的公孙鞅，因为他来自卫国，人们也叫他卫鞅。"

　　"噢——，我想起来了。"公叔痤晃然道，"公孙鞅你有什么话要给本座说吗？"

　　"大人，小人想问问您，您凭什么相信中山王一定能收留您呢？"公孙鞅语气硬硬地问道，说话的时候他看着公叔痤的双眼，眼睛充满了真诚，也充满了自信。

　　公孙鞅的眼睛里好像有什么吸引力似的，又好像有什么威力似的，公叔痤不说都不行，于是说道："当年本座曾跟随大王与中山王会盟于边境之上，中山王私下握住本座的手说'您侠肝义胆，愿意和您结交。'因此本座知道中山王嘱意于本座，所以想投奔中山王。"

　　听了公叔痤的回答，公孙鞅向前跪爬几步，流着眼泪说："大人，您危险呀，那样做，您的生命会保不住的呀，大人！"

　　公叔痤脸色沉下来，看看跪在地上的公孙鞅，半响才说道："危险？何以见得呀？你如此危言耸听。"

　　"大人呀，您想想，魏国是个强国大国，中山是个小国弱国，而您是在魏王面前用事的人，深得魏王宠信。中山王想厚交与您，不是因为您侠肝义胆之故，而是您被魏王厚待的缘故呀。现在，您得罪了魏王，逃命到中山，中山必然畏惧魏国的讨伐而不敢收留您，相反中山王还会为了讨好魏国把您用绳子绑了送回魏国。到那时，大人，您就真的危险了呀！"公孙鞅动情地说，可是能听出来，他说得有条有理，信心满满，让人不能不信服。

公叔痤听公孙鞅这么一说，心想：此人言语犀利，说理透彻，想来必有高妙之策教我。于是走到公孙鞅跟前把他搀扶起来，冲公孙鞅一拱手，郑重而又客气地说："先生，何以教我？"

"您是大王的宠臣，有功于大王，您又没有犯什么大罪，况且这事又是好多年前的旧事，您又是为了朋友之谊，非是为了一己之私，而况您的朋友还是被挟持而犯下的过错，并非他的本意。有此几款大王不会把你怎样。假若您能负荆请罪，大王定能赦免您的罪责。"公孙鞅有理有据地说道。

公叔痤思前想后，别无他策，只得从卫鞅之计。第二天，公叔痤向魏王负荆请罪，魏王果然赦免了他的罪责。公孙鞅的智慧得到了公叔痤合府上下的交口称赞，从此，公叔痤对公孙鞅器重非常，成了府中的上等食客。

得到公叔痤赏识

自从公孙鞅施计将公叔痤救了以后，公叔痤就对公孙鞅另眼相待，器重非常，成了府中的上等食客。但凡朝中有难决之事，公叔痤总爱向公孙鞅讨个主意，而公孙鞅无不言中。公叔痤愈加敬重于公孙鞅，认为他是个定国安邦的旷世奇才。

一日，西河有急报来京，言说秦兵五万来犯魏境，情况甚为危急。一时间，朝野震动，议论纷纷。公叔痤问公孙鞅此次战事胜败如何，公孙鞅笑着说："大人尽可放心，此战魏国必胜，而且不等魏王的援军到达西河，恐怕秦兵已经败北。"

公叔痤严肃地说："此事并非玩笑，乃是军国大事，你如此这般说，想必有充分的理据。请问你的理据是什么呢？"

"理据嘛——"公孙鞅故意拖长声音说，"等魏兵得胜之后，再说理据如何？"

公叔痤再三强问，公孙鞅只是缄口不言，最后扔下一句说："天机不可泄漏，泄之则不灵。小人不能说。"

公叔痤无奈，只得做罢，不再追问。可是他心里总是不踏实，总有那么几分疑虑；但是想到公孙鞅过去无不言中的事实，心中又有几分释然。

这天魏惠王上朝理事，命令朱仓督运粮草前往西河，朱仓领命去了。朝堂上魏惠王和大臣们商讨此次战争之事。魏惠王说："秦乃虎狼之国，早有吞并我大魏之野心，这些年来动辄动武，寡人虽然派了乐羊、田子方率五万精兵前去西河迎战，可寡人的心里实在没有底呀。"

　　司空说："是呀，秦兵凶猛，我们需尽快在国内招募兵勇，准备接应前方之需。"

　　"尔等有何良策保我大魏无虞呀？"魏王愁苦地说。

　　公叔痤看着大王愁苦的面庞，心里不忍，于是想起了公孙鞅的话，想让大王宽一下心，犹豫了一下，说道："大王，依愚臣看，此次争战，我大魏必赢。如果愚臣预测不错的话，乐羊、田子方的军队到不了西河，这场战争就业已结束，愚臣想不日将有捷报到来。"

　　惠王看着公叔痤问："爱卿一向谨慎，话无有不中。爱卿这样说，想必有十成的把握，爱卿能不能说一说理由呀？"

　　魏王这样一问，公叔痤自觉失言，一时无言以对，便把公孙鞅的话搬了出来，对惠王说："大王，等捷报到来时，臣下自然给大王讲清楚。"

　　一连几日，公叔痤都不敢上朝，窝在家里装病，他生怕大王问他魏国必胜的理由。

　　满朝文武都在议论纷纷，有的说公叔痤非轻狂之人，既如此说，必有其道理，也有的说公叔痤年老智昏，一派胡言。

　　一天公叔痤把公孙鞅悄悄请来，说："先生呀，那天本座在朝堂上，看大王因为秦兵犯境的事愁眉不展，就想让大王宽宽心，少发些愁，于是本座就把先生说的魏国必胜的话说了出来，不想大王要问本座胜利的理由，本座无言以对，便搪塞说'以项上人头做保'，为了躲避大王追问本座理由，本座连日装病不敢上朝。这次魏国胜与不胜，可是与本座的脑袋还能不能长在项上有关了呀。先生现在说一说魏国必胜的理由，也好让本座的心里踏实一点呀。"

公孙鞅见公叔痤如此这样，只好说："小人真不应该对您说那些话，害的您把脑袋都赌上了。小人真是该死。"

"这不能怪先生。该怪本座嘴快。快说魏国必胜的理由吧。"

"好吧，大人。那小人就给大人讲一讲吧。这次魏国必胜的理由如下：一、西河太守虽然年少，但有勇有谋，此为主将有勇谋者必胜；二、西河自魏公子昂治理之后，政通人和，人民富足，魏昂行事公平公正，百姓心悦诚服，此为人心所向者必胜；三、西河武备充足，能迅速集结数万人的精锐之师，这些军队平时经常训练，有很强的战斗力，此为战前有备者必胜；四、西河粮草储备充足，足够支付几年，此为粮秣充盈者必胜；五、西河西部山势险峻，易守难攻，而况魏兵对地理又极为熟悉，此为得地理者必胜；六、此次秦军出师无名，我军则是抵抗异国入侵，将士必然同仇敌忾，用力卖命，此为将士用命者胜。有此六胜在握，何愁秦兵不败？所以小人说救兵未至，而秦兵已败矣。"公孙鞅有条有理地说道。

公孙鞅说出这番话来，只见公叔痤拍掌大笑，喜形于色，满口不住地说："好，好，好，说得太好了，说得有理，说得太有道理了！先生真是个奇才。"于是公叔痤吩咐摆酒，两人边喝边叙，直至深夜。

次日，公叔痤的"病"也好了，高高兴兴地穿上朝服，来拜见魏惠王。魏惠王看见公叔痤来了，便道："公叔爱卿，贵恙痤愈否？"

"谢大王挂怀，微臣贱躯已无大碍。"

"公叔爱卿，寡人为西河之战忧心冲冲，食不甘味。那天，爱卿说'我大魏必胜''还用什么项上人头做保'，可是寡人思前想后，也没有想出必胜的理由，公叔爱卿今天身体已愈，你就来说一说我大魏必胜理由吧，也好让寡人心中的疑虑打消。"

公叔痤故意犹豫了一下，抬眼看了看大王，大王正用期待的眼光看着他，于是开言道："微臣本想在捷报传来时再跟大王言说，可是大王为此事食不甘味，做臣子的那还敢不开口呀。那好，微臣今天就跟大王及诸位说上一说……"

"报！"公叔痤刚说到这，就听报事官一声高喊，冲了进来，"报！前方有捷报传回！"

捷报传来，朝堂上顿时沸腾了，人们欢呼雀跃，高呼：

"我们胜利了！"

"我们胜利了！"

"大王万岁！"

"大王万岁！"

魏王按不住自己激动的心情，朗声说道："快把捷报呈上来，让寡人看看。"

于是报事官将捷报呈给魏惠王的贴身侍卫，侍卫将捷报呈给魏惠王。魏惠王展开捷报仔细观瞧，果如公叔痤所言，乐羊、田子方还没有到达西河，秦兵已经败北，而且败得很惨。捷报上还说秦国已遣使议和，请求以十城易公子良平，请示魏惠王决断。大王抬起头，高兴地问："众位爱卿，秦国遣使议和，当准否？"

魏惠王又看看公叔痤说："公叔爱卿，你说孤该不该准呀？"

公叔痤说："微臣认为该准。"

"为何？"

"微臣认为：一、秦国遣便议和，我若拒绝，理亏在我；二、得十城之实惠，利在我；三、送公子良平归国，秦国必然感激于我，今后不会再犯我边境；四、这次秦国议和是以城易人，说明秦国已有惧我之心。为了彰显我大魏恩德，微臣认为当准。"

魏惠王大喜，便提起朱笔在信函上批了一个大大的"准"字，然后加盖玉印，将信函发往西河。

信函发走后，魏惠王端坐龙庭，威严地道："公叔爱卿何在？"

公叔痤一听话的味道不对，赶忙上前，跪下道："微臣在。"

"公叔爱卿，"魏惠王语气和缓地说，"快把这次我西河兵败秦军的理由说来听听，寡人真有些耐不住了，快快说来。"

公叔痤就把卫鞅曾说过的理由又对魏王及众臣说了一遍。魏王越听越是喜欢，群臣越听越是佩服。

大王想：寡人有贤臣如此，何愁霸业不成，何愁不横行于天下呢？于是说："自田宰归西之后，太宰一位至今尚空，公叔痤。"

"微臣在。"

"孤封你为太宰之职。"

"微臣谢大王恩典。"公叔痤赶紧上前叩头谢恩。

从此这魏国太宰一职便由公叔痤担任。

自从这公叔痤入主太宰府之后，更加器重卫鞅，卫鞅亦甚知趣，在公叔痤面前恭恭敬敬，慎言慎行，并无半点闪失之处，行事言语表现得忠实可靠，公叔痤亦愈加喜欢，便常常让他抛头露面，送往迎来，就这样公孙鞅在魏国渐渐有了一些名声。

自古英雄出少年非用之则杀之

公叔痤知其贤，未及进。会痤病，魏惠王亲往问病，曰："公叔病有如不可讳，将奈社稷何？"公叔曰："痤之中庶子公孙鞅，年虽少，有奇才，愿王举国而听之。"王嘿然。王且去，痤屏人言曰："王即不听用鞅，必杀之，无令出境。"王许诺而去。公叔痤召鞅谢曰："今者王问可以为相者，我言若，王色不许我。我方先君后臣，因谓王即弗用鞅，当杀之。王许我。汝可疾去矣，且见禽。"鞅曰："彼王不能用君之言任臣，又安能用君之言杀臣乎？"卒不去。惠王既去，而谓左右曰："公叔病甚，悲乎，欲令寡人以国听公孙鞅也，岂不悖哉！"

公元前361年的一天早晨，魏国国都安邑（今山西省安邑县）的大街上忽然冲过一队骑兵，手持矛盾。大喊"让开，让开，闲杂人等让开"，此时一辆华丽的马车呼啸而过。车里坐的正是当今魏国的国王魏惠王。听闻魏国功臣公叔痤病入膏肓，急忙赶去探望，希望他的病可以快些转好。

魏国的相国（又叫宰相或丞相）公叔痤是魏国的开国功臣，为了魏国的繁荣富强呕心沥血，立下了汗马功劳，正是在他的英明辅佐下，成就魏国一方霸主的地位，使得各国对魏国不容小觑。

连年的操劳，日夜的辅佐，久病成疾，公叔痤久病不起，骨瘦如柴，连坐起来同魏王说话的力气都没有。只能躺在病榻上同魏王对话。公叔痤长叹说："大王，看来我命不久矣，不能继续辅佐大王了，可惜魏国未能统一天下，我死不瞑目"。魏王惋惜地说："我派最好的御医来医治你，岁月无情，弹指一挥间我们都老了，魏国现在正处于风口浪尖，缺少一个像你一样辅佐我的人啊，万一你有什么闪失，叫寡人如何是好，如何找一个贤臣来代替你的位置。"公叔痤会意的笑了，"大王，这正是我担心的问题，臣思索好久，找到一个合适人选，此人虽年纪轻，资历尚浅，但稍加培养，能力绝不在我之下，是齐家治国平天下的好帮手，必定可以辅佐大王，成就一番霸业。"公叔痤略激动地说。魏王略带疑问的问："此人是谁？身在何处。""此人公孙鞅，在我府中做中庶子的官，负责书信往来。"在魏王眼里公孙鞅这种小角色印象似乎很模糊。他记得公孙鞅是卫国人，在官府办事，却喜好田园生活，和"下等人"打成一片。堂堂官府人，身在其职而不谋其君，整日无所事事，和"下等人"做朋友，这种人何德何能成为相国，国家的命运怎能交付于这种人之手，莫非公叔痤久病不起，看人的能力也没有了，魏王皱起了眉头。看到魏王神色一变，公叔痤觉得事态并不像他想的那样，魏王不肯重用公孙鞅。于是破釜沉舟，"假如大王不肯用公孙鞅，一定把他杀掉，以他的才能，一但被他国重用，必定后患无穷。"

　　为了引起魏王对公孙鞅的重视，公叔痤渲染了气氛。那时候，群雄并起，战乱频繁，国无宁日。齐、楚、燕、韩、赵、魏、秦七个大国，称为"七雄"，加上宋、卫、中山等几个小国相互之间经常发生战争。魏国地理位置处于中间，四面楚歌。一旦旁边小国强盛，对魏国是不小的威胁，各国都虎视眈眈盯着魏国。公叔座以为这样就会在一定程度上刺激魏王，重用公孙鞅。谁知魏惠王听了这话，觉得公叔座是糊涂了，不暇思索的说："你安心养病吧，我一定派人把他杀了我先告辞了。"魏惠王回宫了。

公叔座躺在床上，思绪混乱。仿佛明天一早，公孙鞅被魏王的手下带走，人头落地，是他是公孙鞅丢了性命，想着想着浑身发热，不由得大喊道："刀下留人！"

侍女忙推醒公叔座，"老爷您又做恶梦了。"派去找公孙鞅的仆人回来了，公孙鞅一早出去，至今没有回来。"多派一些人手，明早之前一定带公孙鞅来见我。"相府上下忙成一团，大家纷纷打探公孙鞅的下落。

公孙座就知道，魏惠王没有采纳他的意见，所以在魏惠王临走之前，公孙座又把魏惠王叫到身边，悄悄地说了两句话，说这个人如果你要用，就重用他。如果你不用，一定要杀了他，决不能让他出国。这是公孙座临走时候交待的。公孙座说完，魏惠王就走了，魏惠王一走，公孙座立即把商鞅叫过来，说你赶快逃，刚才魏王来了，问我的病情，我向他推荐了你，我根据魏王的表情来看，他可能不会用你。但是我跟魏王说了，只要不用，一定杀了你。快走，晚了就走不了了。商鞅听了以后，平静的笑了笑，说不可能。他既然不可能听你的话重用我，也不可能听你的话杀我。而这个魏惠王出来以后呢，感到很可笑，说公孙座是不是昏了头，让我把整个国家交给商鞅，这是不可能的。

弃魏从秦

千里马常有，而伯乐不常有，公叔痤死后，商鞅犹如折翼雄鹰，心中抱负难以实现。商鞅失去了公叔痤在政治革新方面的良师益友，没了这个强大的后盾，他的政治主张也难以实现。

公子卬，又称作"魏卬"，是中国战国时代初期魏国公子，其为人正直颇有才气，乃战国初期魏国名将。公子昂是魏国贵族，和商鞅有相当的交情。商鞅此时只有孤注一掷，投奔公子卬。希望可以说服公子卬革新政治。公子卬看见老朋友来访，十分热情，盛情款待，叫仆人备好酒菜，几杯酒下肚后，侃侃而谈，"现在天下四分五裂，兵荒马乱，怎样才能安定啊？"商鞅一听这话，立刻来了兴致。

"总会统一的"。

"谁来统一呢？"

"谁革新政治，谁统一天下"。

"哈哈哈哈……"公子卬大笑起来："公孙鞅先生，你久居在相国家里，开口就讲政治。我却只懂得打仗！在我眼里，谁兵强马壮，谁就能统一天下！"公子卬又喝了一杯酒，拿出一卷兵法对商鞅扬了一扬，得意地说："公孙鞅先生，听说你喜欢读兵法，很好啊！将来带兵打仗，为国家立功啊！"

"谢谢公子的夸奖。"商鞅喝了一口酒，慢慢地说："公子重视兵法，钻研指挥军队的学问，这方面我很佩服。可是我们打仗不但要靠兵马多，刀枪锋利，将领善于指挥，还要看人心向不向着你。公子是否记得，《孙子兵法》讲打仗取胜的五个条件，第一条就是'使人民和主上同心'，这就是政治呀。曹刿论战，也讲到战前的政治准备取信于民。指挥战争的人不能不管政治啊！"

商鞅认为"得民心者得天下"，战争不是孤立的，他更多考虑的是政治因素，这正是他聪明之处，也是当时很少有人注意到的问题。

可是公子卬对政治一窍不通，根本不愿意听商鞅讲政治，无聊的不得不打断商鞅，"好了，好了，我们不谈政治了，下棋好吗，好久没和先生下棋了"。

商鞅心理犹如打翻了五味瓶，不知如何是好，却又不能拒绝公子卬下棋的邀请，只能故作镇静。仆人把木制的围棋摆上来了，两人静静地坐着，只能听到围棋落在棋盘的声音。公子卬陷入了困境，他的一大片棋被包住，苦思不得其解。此时，仆人进来通传，有宾客从秦国来，公子卬叫他进来，在棋局的一旁坐着，汇报这次出去的情况。

这种"宾客"并不是我们现在所说的客人，而是贵族家里养着的一种特殊的佣人。公子卬家里养着几十个这样的佣人。他们替主人出谋划策、写文章、交接朋友、探听消息，其中也有贩运货物的。没事时他们就读书、谈天、喝酒、游乐。这位宾客到秦国去，就是贩运货物和探听消息。他讲完货物的事，又紧张地说："秦国又想夺取魏国的河西地方（今陕西省东部，黄河以西、洛河以东）了。"

"此话怎讲？"

"秦国国君下了一道命令，用木牌写好，挂在城门、关卡等地方。"

公子卬听到秦国国王下了夺取河西的命令，忙问："你把这命令抄下来没有？"

"抄下来了。"这位宾客说，他把一卷竹简展开，摊在自己胸前，给公子昂看。商鞅也抬头来看这道命令。

命令的意思是：

"秦国两百多年前，穆公提倡道德，整顿武装，东边国界达到黄河岸边，邻近的部族都来归附，于是在西部地区称霸。穆公给后世创立基业，光宗耀祖。可是后来内乱不息，国力削弱，以致被魏国夺去了河西，东方各国都看不起我国，这是莫大的耻辱。我的父亲献公在位的时候，很想恢复穆公旧有的土地，实施穆公的政令。我接位以来，常常想着献公的遗志没有实现，感到痛心。凡是外来宾客或各级官吏，有能出奇计使秦国强盛的，我愿给他尊贵的官职，还封给他土地……"

公子卬看着看着便大笑起来："秦国天天喊着收回河西，喊了几十年，也未见敢动我魏国，我看他们此次又是空谈，我们继续下棋，不用理他。"公子卬又回到了棋盘上。商鞅心理却思绪万千，身在棋盘心却在秦国那道命令上。商鞅看到命令的末尾写到："凡是外来宾客和各级官吏，有能出奇计使秦国强盛的，我愿给他尊贵的官职，还封给他土地。"商鞅看到这句话，不觉心动了。他勉强下着棋，心里断断续续想着命令上的话。本来他已经把公子昂的一片棋子围住，现在却被公子卬杀开一道缺口。接着，公子卬反败为胜，把商鞅的一片棋子吃掉了。

"哈哈哈哈……"公子卬得意地笑着说："真是兵不厌诈！打仗要欺骗敌人，下棋也要欺骗对手。刚才我声东击西，你果然中计了！"商鞅立起身来，拱手道："佩服！佩服！今天输给你，下次我一定要赢回来！"他匆匆忙忙告辞出来，快步回家，进书房后，就躺在席子上，反复地、仔细地回味秦孝公的命令的内容。

"公叔痤死了。魏惠王不愿重用我。公子昂只管打仗，不讲政治，对我的意见不重视。看来我的政治主张在魏国不可能实现了，不如到秦国去吧。"他静静地想着。商鞅是卫国人，跑到魏国做官。他在魏国没有得到重用，又想去秦国。

秦国是战国时最西面的一个国家。它的国都在雍，位于现在陕西省西部的凤翔县，那时是比较偏僻的。秦国虽在西部地方称雄，但是比起东方各国来，它的经济文化都比较落后，东方各国一向不把它放在眼里，开会结盟也不邀它参加。

在秦王嬴政的先祖秦孝公继位时，战国七雄的政治格局已经形成，这就是齐楚燕韩赵魏秦。而秦国虽然经历了秦穆公称霸西戎，奠定了秦国发展的基石，但秦穆公之后的很多国君都碌碌无为。到秦孝公继位的时候，秦国在战国七雄中虽然占据一席之地，但实力并不强大，随时都可能在七雄争霸中，被别的国家吞并。而秦孝公是一个有抱负的国君，想有一番作为。

商鞅再走向书架，拿出一卷书，外面写着《法经》。他凝视了一会，又把《法经》六卷都拿了出来，整齐地排列在书几上，掸了掸灰尘，心里暗暗说：《法经》啊！《法经》啊！是你引我到魏国来，现在我要带着你到秦国去了！商鞅找到一只竹片织成的大书箧，把六卷《法经》和其他书籍整齐地放进书箧里。

渠梁继位立大志

公元前 362 年的夏日，恶晒着楚国郢都南郊的楚国祖庙。肃穆的祖庙在毒日下只有庙堂的香烟还在尽职的缭绕。

一条单薄的人影扑进无人看守的庙堂，直冲向庙堂大厅中的供案。

供案傍。两名执事歪依着案脚睡在案下，流着梦涎漫游梦乡。

供案上。在烟熏之下竟也有几只苍蝇疲倦的爬在生熟供品上。

一只肮脏的手伸了过来在供品上停住。这只手在一阵颤抖之后，果决地抓着供品，惊飞了那几只苍蝇。手的果敢带来手的主人果敢。手的主人全忘了他是在庙堂，而且忘了庙堂是有人看守的。

手的主人此时只有一个意念：吃。牙齿与供品的搏击声也随这个意念响在了这个肃穆的庙堂大厅里。

咯——吱——。

正庙的侧门被一个人推开。推门的巨大声响犹如旱天炸雷，将正在供案上偷吃供品的人从供案上轰了下来，一掉又砸在睡在案脚的一个执事身上。

唉呀——！啊——！鬼——人——

被砸醒的执事连声惊叫，又惊醒另一个执事。这个执事一看是一个单薄肮脏的小子。这小子身上又滚出几个供果，马上尽职的扑了上去，边扑边喊：

"贼——呀——！贼——呀！"

两个刚从梦中惊醒的执事哪能抓住这如惊弓之鸟的偷儿。

被惊吓的偷儿虽没有被执事抓住，可也慌不择路，只顾窜逃。

偷儿的窜逃将刚进门的那个瘦削的人仰面撞倒在地。偷儿又绊倒在他的身上而扑倒。倒在地下的人顺手一抓，两手把偷儿抓牢牢住。赶来的两位执事拎鸡似的提起偷儿。

在两个执事手中乱蹬乱弹的偷儿，竟惹恼了两个执事。两个执事把偷儿往地下一按，拳脚交加的痛打起偷儿来。

如杀猪般嚎叫的偷儿，突然听见一声暴喝："住手！"顿觉已麻木的身上一阵轻松。

"为什么打他？"

"关你何事？"

"为——什——么——打——他——？"

"关——你——……"

"他……他偷供品。"

"放下他！"

"不行。"

"放——下——他！！"

"放、放……"

"不准放！"侧门外突然进来一群人。领头一个用冰冷的声音制止了正要松开偷儿的两个执事。

"庙祝！……"说放下偷儿的那个声音原来是被偷儿撞倒在地

的那个瘦高个，此时对领头的庙祝略略点了下头。

"为什么要放一个贼，而且是偷祖庙供品的贼？"庙祝阴冷地盯着瘦高个质问。

瘦高个并不惧庙祝，竟向他走近一步："他是个孩子，看模样不到十四岁。他不知道这是祖庙，也不知道供品不能吃。他是因为饿和又没有人制止才吃了供品的，所以不能打他而要放了他。"

庙祝冷哼一声："知道庙规吗？"

"知道。"

"哪你凭什么要管？"

"凭理。"

"你配这个理字吗？"

"配。我是秦国太子！是派往贵国的使臣。"

"哈哈哈哈——秦国太子？住楚使臣？秦国算国吗？蛮荒之地的野人国也配称太……"

"住口！不许你侮辱我的秦国！"

"你给我住口！你清楚点？你只不过是弱秦送到我们大楚的一个人质。只不过是我手下一个苦力，你竟敢顶撞庙祝，破坏庙规？好，我成全你这个野人国的秦太子。放了偷儿，痛打目无庙规、上司的臭人质！听着，打后给我扔在庙外暴晒三日！"

庙祝冷哼一声，昂然而去，只留下庙内众人痛打秦太子的棍棒声……

毒日隐去。冷月悬空。

祖庙空旷的广场上，一具人体僵卧在中央。冷月下的人体，被夜风吹着、吹着，蠕动了一下后又僵硬不动了。

场边的树林。一条瘦小的人影嗖地窜到场中，在人体旁摸了摸鼻息，拖起人体就往树林中隐去。

　　林中。瘦小子将人体放在棵树下后，用一根树枝撬开这人的嘴，将一碗浊黄色的人尿慢慢的灌了进去。这人的喉结随着尿液的灌入竟慢慢的开始蠕动，在瘦小子的灌尿之中竟越来越有节奏。瘦小子的脏脸上绽开笑容，边笑边唠叨："行，再动一下！再动一下嘛！动，动的好！行！喝了一碗了，再来一碗！妈耶！好大个肚子，喝了二碗了还在动。行，老子再到茅坑里拎一罐来。老子不相信，你把祖庙的茅坑喝得干。"

　　等瘦小子拎着罐尿来时，僵体也不是僵体了，已经自个儿爬起来靠在树干上喘着气，一见尿罐又要喝。瘦小子笑嘻嘻的把尿罐对着他的嘴，端着尿罐让这人喝个够。这人喝了一半，把尿罐推开："你给我喝的是什么？""尿啊！"瘦小子笑嘻嘻的。

　　"呸！呸呸！呸！"

　　"不用呸，我的太子！这是治伤的灵丹妙药耶！"

　　"你是那个偷儿？你救了我？"

　　"嘿！我叫景监。是郢都的乞儿。我有两天找不到吃的，才趁祖庙午睡来……"

　　"好了。我叫渠梁。不要叫我太子。有水吗？这嘴里尿臊气太重了。"

　　"有。来！"

　　欧，咕噜噜噜，咕噜噜噜……卟。"卟！哇——！好了。这臊气！有吃的吗？"

　　"有。太子！给。"

　　"我是嬴渠梁，不是太子！"

"你是太子嘛！……好、好！不叫就不叫。来，我这有师傅给的伤药，敷敷外伤。"

"师傅！？你们乞儿还有师傅？"

"不是。我家穷。打小就把我送进宫做嬖人，说是学好了就是楚王最喜欢的人。可学嬖人太苦了。还要先学挨揍。这药是嬖人师傅给的挨揍药。二年前我实在熬不住就跑出王宫做乞儿了。唉！你们秦国有嬖人吗？秦国的国王是不是和我们楚国的国王一样爱打人？"

"我们秦国没有打人的主公，也没有嬖人。"

"那就好，我跟你到秦国当嬖人去。你是太子，迟早是要当秦公的。我虽然熬不住打，可师傅说我最灵光，逗乐子的事一学就会。太子……"

"我叫渠梁！——"秦太子突然大怒，兀地站了起来，把正在吃着的一块胙肉（胙肉，切成大方块专为祭祠用的熟肉，又称福肉），啪地扔在地上。

"我叫渠梁！景监你给我听好。我是秦国送给楚国的人质，是楚国祖庙做粗杂活的苦力。什么太子？穷国无太子。什么秦国？在中原六国眼里根本就没有秦国！只有蛮荒、穷弱、落后的野人部落。"

"渠梁！渠梁！我是景监，是景监啦——！"

"少啰嗦！我晓得你是景监。你是我嬴渠梁第一个朋友！"

"朋友！我一个奴隶能做你太子的朋友？你，你再不怎么地——也是个贵族、一个主子、一个使楚大臣啊！"

"这都没有什么用。有用的是力量！只有秦国强大的足以把六国打趴下，秦国才能抬头！才能与六国平等称王。现在的秦国，我就是当了秦国国君，一样被他们称为蛮侯，夷公！天——！你听见吗？我，一个弱国太子向你发誓：只要我为秦国国君，一定要让秦国强大！强大的天子致伯，六国咸服！不然，我——秦渠梁誓不为人！"

天好像没听见这位太子发誓似的，一点表示都没有。月亮依然挂在空中，星儿依然在夜空中闪烁。只有景监被秦太子感动、慑服。他卟地跪在地下，向秦太子叩首：

"渠梁！不管别人把你当不当太子，反正我一辈子跟定你做璧人。你到哪，我跟哪！眨下眼是王八！"

"起来！景监。从今天起你就跟着我。跟我熬过在楚国做人质的日子后，到秦国去做重臣。有我渠梁的，就有你景监的。我们一起把秦国治理成最强大的国家，扫平六国！"

天，突然打响一个炸雷。风起。云涌。

"你是谁？"

"你的密友庶长改呀！"

"来此做嘛？"

"请你登秦国国君之位！百官、众军都等着呢。"

"秦国国君是出子。我是师隰。"

"师隰！你也三十大几啦，叫朕咋说呢？你是灵公立的太子。灵公卒时，你叔公说你太小，自登国君之位。你叔公卒后溢为简公。简公传位于惠公。惠公卒又传位于你表哥出子。这都三十年啦，公位咋还不归还你呢？你不急，公族急。公位傍落三十年。秦国一落三千尺啊！今儿个你非登国君之位不可。我已经把出子杀了，还说是你的号令。"

"你——你——！你怎把出子杀了呢？"

"为国大业。只盼你重振国威！复我祖缪公霸业！我跟缪公去了！"

"你，你——不要……"

"醒了，醒了！主公醒了！"

"黑龙保佑我秦！"

"哦——是甘龙、杜挚呀！寡人睡了好久吧！是不是？"

"不久、不久、才二天。可主公在梦中老是杀呀、死的，把臣等吓坏了。"

"太子要回来了吧？"

"最迟三天可到栎阳。宗府吏已上道去蓝田恭迎了。"

"去吧！让寡人睡睡。"

漫天遍野的大军在旷野里搏杀。

战车辚辚。

戈矛撞击。

刀盾碰撞。

杀声震天。

矢射进人体的卟声，人经受不住痛苦的惨叫声，冲锋搏击的喊叫声，战车相撞的破裂声，战马倒地的嘶鸣声，汇成两军咚咚作响的战鼓声。突然黑衣军中齐声狂喊：魏旗倒了啦！魏旗倒啦！冲啊！

与黑军对垒的黄衣军战鼓哑了，士气泄了，如黄潮般的被黑潮裹着后退。后退逃命的黄潮如决堤的黄河水，席卷着挡道的一切。

在黄潮之中，倒下的魏旗又在一辆重车上竖起。哑了的魏鼓又在魏旗下咚咚咚地响起。溃退的黄潮突然止息在魏旗下，又在魏旗的挥引下，排成三角形战阵迎接黑衣军。

　　黄衣魏军兀地反击，令黑衣秦军顿时失措。先是左军摇晃，后是右军溃阵。秦军的战鼓哑了。秦军的中军乱了。连国君的坐车也被溃军裹着后退。国君师隰大怒，暴喝一声跳到一辆轻车上，手挥长矛拨开箭雨矛林，赶到鼓车傍。轻车与鼓车交错的刹那，国君跃上鼓车，推开中箭身亡的鼓手，拿起鼓槌死命的擂起鼓来：咚——咚咚——咚，咚咚——咚咚……

　　由国君擂出的战鼓，直擂得秦军热血沸腾！催得秦军只知前进！

　　虎狼之师的魏军再也挡不住这种玩命的冲锋。穿着烂甲，戴着破盔，连护身盾都没有的秦军只知踏着、碾着敌军的、战友的尸体向前，向前！

　　呜——呜——呜！胜啦！赢啦……

　　在震耳的欢呼声中，师隰精疲力竭地扑在鼓面上，紧握的一对鼓槌也无力的掉在车上。当卫士、大臣从鼓车上抬下他时，他看到石门战场竟是一片血红，红得竟能听见血水流动的声响：哗——哗——

　　大臣车前报捷：主公英武，秦军顽强，败而不退，攻敌无畏。于主公二十一年季夏获石门大捷，斩首六万……

　　秦军伤亡？秦军损战车八百乘，卒勇士四万，伤三万……

　　"祭社！（祭社，周礼最隆重的祭拜土地的大典，在春、秋两季举行。战国时，用于纪念重大事件和活动的祭拜也称祭社）"秦公痛苦的闭上眼睛。

　　"主公！主公！"

　　师隰闭着眼不耐烦的说道："祭社！"

"祭社？"众臣一楞。还是甘龙了解主公，走近病榻，低声说道：

"你又睡了三天。主公！太子从楚国赶回来了，正在门外。"

"老啰，快传太子！"

"儿臣渠梁叩问主公安康！"

"好，好，好。回来就好！快，让我看看！一晃就一年多啦——长高长壮实了。"渠梁忙趋榻前，双手握住父亲的一只手，让父亲仔细的瞧看、抚摸，享受着父亲的大手传来的阵阵慈祥。

"路上不好走。冰天雪地，又尽是山路、险路，从武关入秦就更是人烟稀少啰！"

"儿臣不怕。一接主公令，儿臣归心似箭，还真忘了山高峰险了。"

"好。真乃秦国太子也！走，到城上透透气！你也好好看看离开年把多的栎阳。"

栎阳南城。阿式箭楼。秦公、太子在众人的簇拥下，扶蹀而看楼下的栎阳。

"好好看吧！这是寡人亲手为你筑的栎阳。你生在这，长在这。这是寡人的心血，你复秦的基业！"秦公豪兴大发，拉着太子，指点着建在沮水西、渭水北，立于关中平原中心的东西长1800米，南北宽2200米的栎阳城，如数家珍的讲起不知讲过多少遍的往事来……

这一切，太子渠梁再熟悉不过。井字形五条城道。六座象征大秦兴旺的城门。四角的箭楼。南郊的祖庙。密密麻麻的阿式住房。这都意味着秦、周一体，象征着秦——嬴姓血统的高贵。但，这在楚人景监眼里不值一提。栎阳和郢都一比，只是座破破烂烂的土城。从小就随便开口的他，开口就破坏了这次观城的雅兴。

"太子！一座土城有甚看头。房子破破烂烂的。几十个叫花子在房子底下晒太阳、捉虱子。看，那边城墙开了条大口子。街上那堆垃圾呀，把个雪景儿也泼污了。如果风……"

像验证他的话似的，一阵北风刮来，将那堆垃圾卷起又放下。白皑皑的雪地上，风过之后就泼上无数点黑污。

"什么人？"师隰喝问。

景监一震，又见四周怒目，忙吓得往太子身后直躲。

太子向前一步，遮住景监。"主公息怒！儿臣一高兴就忘禀告主公了！这是儿臣在楚购回的嬖人。儿在楚为人质时，全靠与他相依，方才渡过在楚日月。儿臣同他亲如手足，就将他带回。他叫景监，生于民间，不知公府规矩和秦俗，请主公原谅！"

"哦——"师隰拧了拧眉，双手扶在城垛上，若有所思的说道："他说的也是实话。连连征战不息，寡人已有二十年没有修过栎阳了，那有不坏之理。唉——，你看我的国都如此，不怪六国不派使臣来秦！不怪六国说我秦国蛮荒、无闻、贫困啰！寡人老矣，治国无力。"师隰一激动，发感叹时又灌了口冷风，猛地咳了起来。众人慌忙围上，捶背、揉胸。

"算了吧，回！"师隰喘道。

师隰一回府，身一粘榻就再也起不来了。

太子渠梁日夜守在榻前，看护着时睡时醒劳累过度的父亲。

这是我年仅五十五岁的父亲吗？这是一国之公的国君嘛？

在着满补丁的黑襦袍外（襦袍：长到膝盖的一种长棉衣），裸露出师隰的一支枯瘦的大手。手上，青筋突暴。四肢一动也不动。硕大的头，无力的枕在榻砖上。脸上如高原的沟壑，嵌满一生的艰辛、痛苦。脸上的大鼻头发出的鼻息，微弱的连斑白的唇须也未吹动。

太子眼睛一片湿润，情不自禁的握起老父那老茧累叠的大手，捧在脸上。就是这双大手，在石门，在少梁用战鼓擂出秦之国威，秦之军威！就是这双大手，一把将儿拉扯大……

师隰在儿子的脸温中醒了过来。他眯着眼瞧着儿子，轻声唤到："怎么哪？渠梁！"

太子忙慌的将父亲的手放回父亲的腹上，"没什么，主公！"

"还瞒为父呢？都当了几年太子了。唉，也苦了你啰！都像秦国的太子，太子恐怕是没得人当了。嘿嘿！"秦公感觉突然好了，微笑着逗起儿子来。

"主公！咋说这呢？"

"事本如此嘛。你享过一天福嘛？国贫军弱，不到十四岁就逼你从军，十六岁就开始当做人质出使强邻。"

"主公！我是太子。又是你身边唯一的儿子。不从军哪知军旅战事。不做人质就不能解我秦后顾之忧，也学不到强邻的富国强兵之术。不知富强又怎能知道贫弱呢？"

"话是这么说。可又有哪个邻国把你当太子？他们让你和庶民、奴隶一起做粗活、吃粗食、住奄棚。寡人——心疼啦！"

"主公！儿臣就从这，知道贫弱受欺的道理，学得强国之技，结识强秦之友。哼！总有一天，秦国会要他们认识秦国，会要六国臣服！"

"好！"师隰不知从哪来的力量，虎地坐起，豹眼圆睁，精光顿暴。"真太子也。渠梁！寡人坐了二十四年公位，一想五百年前大秦本与天子一家，代天子守戎据雍岐之地立国，八百里雍地人才辈出；可自缪公以后，宫室内乱，国势而下，尽失河西之地于晋，（河西，古时将黄河以西称河西，原为秦地，后被晋占，是秦最富之地）秦从此受辱就激奋不已！当年改庶长河西拥我登位时，我是为复祖业才受之的呀！"

"主公，你迁都栎阳，撤封设县可是违祖制的呀？"

"太子，你！唉——！"

"主公，主公！儿只是疑惑。"

"肯定是你的叔公，族兄弟问过你？你无言善答。你——好了。太子——复祖业是复我祖缪公强秦霸业，是复国强、民富、六国咸服的祖业。而不是复一座城、一块地、一个规矩、一条制度。抱着祖宗成法一条不变的是复不了祖业的，反而会毁了祖业。

雍城虽大，虽富，可距河内太远。（河内，古将黄河以东，以北称为河内，河内之民因周天子居住而称为正统之民）祖宗都雍城是国要西进。主要敌人是西戎。四百年后，形势变了。西戎已咸服我秦，而河内魏、韩、赵三国虎视我秦。周天子都靠仰魏苟活，况我秦乎！周秦一家，要复祖业也包含有周天子祖业。周天子在河内，祖业也在河内嘛。从拒敌，东进河内来讲，为父迁都栎阳就是复祖业啊。

撤封设县，一看是违祖制，又背上了杀、剥族兄弟的宫室内乱之名。可你知道吗？你的那些叔伯只知封地不知国。国君的号令，秦国的法令全然不听！他们只盯着国家的权柄、财物，内忧远大于外患啦！可惜我只能撤去三个封地，没能把三十六个封地撤完，给你留下个号令半秦的弱秦。一想这些封地，一想我呕心沥血二十四年的大秦，还是这么荒凉、愚弱，我——我就愧对祖先！愧对你呀——！"

"主公——！爹——！儿臣明白了。"

"明白就好，明白就好啊！我已老矣，强秦大事就交给你了。别打岔！你是受天命而来的呀。记得你八岁那年，天子使太史儋一看到你就说：五百年后周秦合一体，合后十七年秦将有霸王出，这霸王就是你！" ［太史儋，太史，管天文历法历史的官职，儋，李耳（老子）名，天子使就是周天子，当时道教始祖李耳任周天子太史一职］

"我！"太子惊讶的站起来。

"是的。你算算，从周天子封非子祖邑秦，到寡人刚好二十九代五百年。你再接寡人位，再奋发十七年，定能致伯称霸。

太史儋李耳可是个人杰哦！各国的王、公、侯、伯、卜、巫、史都敬佩他。他说你十三岁时秦桃树冬天开花，八百里秦地桃树真的全部开花。与秦一墙之隔的魏国，他们的桃树全都枯死啦！那赶来看花的人啦，数都数不清，连东边的齐人也派人来送礼称奇呢！

你十五岁那年，魏军已经攻下我郑县，距栎阳仅百里了。我库空虚无钱出军。父无奈，只好到祖庙祭祖祈告。而公族人心已乱，各自忙着出城逃命，并讥笑为父能在祖庙求祖宗求出天上下金雨吗？你当时仗剑立在宫门说：只要公族人心齐，天上一定下金雨。

"爹！我记得。当时我是着急啊！看主公在众人的反对下，依然那么自信，就想帮主公。就顺口拦住他们。"

"可你是天命金口。你一开口，上天就知道啦，马上派黑龙借雨送金给你保住基业。那天栎阳城哗啦啦的下了一刻时辰的金雨。魏军一看，秦有天佑，不战而撤了军。"

"嗨！起初还真不敢相信？主公你率着众臣跪在祖庙祈福。我有意跪在门口，心里还真盼着天上下金雨呢？我真得只念下金雨、下金雨！天就真得就下雨啦！我一听雨声就跑了出去。庙门广场黄澄澄的一片。我捡了一块；高兴的冲进庙堂，高兴的大喊：下金雨啦、下金雨啦！你还不信呢？爹，还记得么，你当时啪地一声就给了我一巴掌。我把你拖了出来，你亲眼看到后，就领着众臣伏在地上给老天磕头。"

"嘿嘿嘿嘿……"

"嗬嗬嗬嗬……"

"哈哈哈哈……"

"是啊，是啊！寡人好羡慕你哟！渠梁，你是授天命的太子啊——！咳、咳咳……"

师隰的兴奋，没想引来气喘，喘得蜷成一团。闻声而进的医士、药士、卜祝、大臣与太子各尽所能的用各自的方法减轻秦公的痛楚。

喘咳被止住了，但也耗尽了师隰最后的精血。他躺在榻上，脸白如帛，难见出气。

渠梁太子的脑壳里一片空白，只是本能的跪在榻前，本能的捧住秦公、父亲的双手。他只晓得拉住爹，拉住主公！只晓得爹不能死，主公此时不能永久地离去！

"渠——…渠…"

也不知过了多久，师隰也晓得不能马上离别太子，竟在太子的呼唤中呻吟。

"爹！爹！主公！在，儿臣在！"

"传——传甘、甘龙——杜……杜挚——"

"甘龙在!"

"臣杜挚在!"

药士赶紧走了过来,扶起秦公,为师隰灌了两勺黄色的药水。在药水的作用下,师隰又缓缓的睁开豹眼,但再无精光,只有两颗浊泪从无神的眼眶里滚了出来。

师隰抬起抖动的手拉住太子的手,想递给甘龙,杜挚两位近臣。甘龙和杜挚赶忙伸出手去握住太子的手。师隰这才放下手臂,巍巍喘嘱:"太子,为何缪公能独霸西戎,而你爹连一个祖业都守不住?"

"主公!你为儿臣创下如此基业,还……"

老爹并不要儿子回答,只用手下意识的在榻上动了动:"是,是因为缪公有五羖大夫,而爹没有。"(五羖大夫。春秋名臣百里奚誉称,助秦缪公独霸西戎。因是秦廖公用五张羊皮从商人处换来的人才,故誉称之)

"爹——!"

"甘龙、杜挚!"

"臣在!"泪已满面的两位近臣凑进主公。

"寡人将太子托付两位。太子是受天命来强大秦的,上天一定给他备好了五羖大夫。你们两个功高德重,一定要为太子找到、找到那位真正的五羖大夫!"

"是!主公。"

"太子,记住:图霸兴秦,首事揽才。你、你一定要,一定要找到——找到自已的——,自己的五羖大夫。记住!记住缪——缪——"

师隰无法说完最后的嘱托,也无法听到太子和近臣的回答,就带着无限的希望告别了太子和近臣的回答，就带着无限的希望告别了他的秦国，结束了至河西杀表兄夺位以来，二十四年的坎坷、艰辛的国君生活。

就是这位把一切献给秦国的国君，结束了近百年的公族夺位残杀，首试了撤封设县的封建政治，培育了封建制的温床，初振了秦国国威。太子渠梁继位后，溢为"献公"。（献公。春秋，战国时，在世国王、公、侯、伯是没有年号的，是史家编年时用死后谥号记各年编年，故在世国王，都只称某国王、公、伯、侯）

秦献公二十四年，公元前 361 年春天。万木复苏，渭水欢流时。八百里的雍岐平原迎来了一位新的秦国国君。他就是中国封建制度的奠基人，史称秦孝公的嬴渠梁。孝公继位时年二十一岁。这一年史称孝公元年。

嬴渠梁一继位，谨记献公遗嘱，在为稳定边界，布置完东围陕城、西击獂王之后；下的第一道政令，就是传诵至今的《求贤令》。历史上，第一次最伟大的政治革命并获得巨大成功的雄伟正剧，就由秦孝公的《求贤令》缓缓的拉开帷幕。

初入秦国

公叔痤既死，公孙鞅闻秦孝公下令国中求贤者，将修缪公之业，东复侵地，乃遂西入秦，因孝公宠臣景监以求见孝公。孝公既见卫鞅，语事良久，孝公时时睡，弗听。罢而孝公怒景监曰："子之客妄人耳，安足用邪！"景监以让卫鞅。卫鞅曰："吾说公以帝道，其志不开悟矣。"后五日，复求见鞅。鞅复见孝公，益愈，然而未中旨。罢而孝公复让景监，景监亦让鞅。鞅曰："吾说公以王道而未入也。请复见鞅。"鞅复见孝公，孝公善之而未用也。罢而去。孝公谓景监曰："汝客善，可与语矣。"鞅曰："吾说公以霸道，其意欲用之矣。诚复见我，我知之矣。"卫鞅复见孝公。公与语，不自知厀之前於席也。语数日不厌。景监曰："子何以中吾君？吾君之驩甚也。"鞅曰："吾说君以帝王之道比三代，而君曰：'久远，吾不能待。且贤君者，各及其身显名天下，安能邑邑待数十百年以成帝王乎？'故吾以彊国之术说君，君大说之耳。然亦难以比德於殷周矣。"

大约在公元前 361 年，商鞅穿过魏国在洛水沿岸修筑的长城，来到了秦国毗邻前线的新都栋阳。这里正处在一场重大的历史变革的前夕，新君的即位，战争的动员，列队森严的士兵，市场上的谷物和铁制兵器、农具，招摇过市的旧贵族，新富起来的商人。地主，穷苦的农民，应"求贤令"而来的士人。保守派和改革家……这些使栎阳城处在紧张、喧闹、躁动不安的气氛之中。公孙鞅离开魏国后，一路西行，来到了城栎阳（当时秦国都城）。安顿下来后，他急于见秦孝公，向他表明来意，以实现自己的抱负。秦孝公乃一国之君，岂能说见就见。秦孝公虽然求贤若渴，但岂能知道一个叫公孙鞅的来到秦国，希望得到重视，施展自己才华。所以需要下一点功夫。秦孝公有个宠臣，叫景监。商鞅来到这个陌生的城市，为了尽快接近权力的中心，他不顾士人们经常计较的名声的洁污，委身投靠在秦孝公的一个宠臣景监的门下。景监者，姓景的太监也。这到秦以后所走的第一步，就经常引起人们的非议：秦国隐士赵良批评商鞅"因嬖人景监以为主，非所以为名也"，司马迁也批评商鞅"因由嬖臣"。

　　通过景监这条捷径，商鞅很快得到了觐见秦孝公的机会。景监年龄小于秦孝公一岁，做过副将。六国联盟预谋推平秦国时，景监作为密探为秦孝公探听到这一珍贵的消息，精疲力尽返回秦国报之秦孝公。孝公对其十分赏识，命他亲去内乱魏国以保国安。其间遇到大名鼎鼎的卫鞅，后称商鞅。他成功完成使命，使秦国度过危险期。后命为上大夫。曾为商鞅三劝秦孝公。成功为商鞅变法铺路。后为商鞅左右手，以辅内政。一直忠心耿耿，为国为民。景监是楚国人，深得秦孝公信任，于是公孙鞅就去拜见景监，从谈话中景监觉得这个年轻人不一般，思想上独树一帜，很有自己的看法，决定向秦孝公引荐。古时缔结婚姻，要靠媒人，媒人是不可或缺的中介。看来，商鞅能见到秦孝公，也一样要靠景监这个媒人呢。景监何等人，史书上对他没有什么勾画，纵然接近孝公，因其特殊的身份而有些权力，但他无论如何还是一个在历史上无足轻重的小人物。然而，小人物也有可能在历史进程中起关键性的作用，尽管在多数状况下是无意的。不知当时景监将商鞅引荐给孝公是出于何种意图与目的，是为了钱物？是因为有希望秦国强大的爱国心？仅仅是忠于自己的职责？还是一个意图不十分明确的不很经意的行动？这些都有可能。正因为历史学家没有记载下来，于是就留给我们以广阔的猜想空间了。不过，有一点还是可以肯定，他无论如何不会想到，他带去见他的国君的这个刚从魏国来的年轻人，会在未来的年月中对秦国的变化起那么大的作用。

初见秦孝公

在景监的推荐下，公孙鞅终于可以见到秦孝公，这是一个人生转折的机会，成败就看他如何把握了。得到秦孝公的召见，公孙鞅早早起来，钻进书房，开始收集材料，为拜谒秦孝公做准备。一连三日，公孙鞅都没有离开过书房。

到了日子，公孙鞅穿戴齐整，踌躇满志地随景监入宫拜见秦侯。公孙鞅进得宫门，偷眼观瞧，果然大国宫殿，气派不同凡响。雕梁画栋，飞檐斗拱，大殿威严，小殿玲珑。景监把公孙鞅领至后殿秦孝公书房门前，烦门首太监通禀过了，便退了出去。在这里公孙鞅入得书房拜见孝公。

孝公说："听景卿说，你才学过人，胸怀大志，有经天纬地之才。"

"草民不敢妄称。小人对治国之道不过略知一二。"

"请站起来说话。"孝公听公孙鞅如此说，想他还是个谦虚之士，不由得心生好感，便说，"不必拘礼，此处不是大殿。"

"公孙先生，不妨将你的想法说一说。"

公孙鞅开始了他和秦孝公人生中最重要的谈话。公孙鞅从帝道说起，"臣闻自有人类以来，上古有神人定典章制度，教化人类。伏羲氏定夫妻制度，人类得以健康繁衍，神农氏定耕种制度，人类得以饱食，尧舜……"

公孙鞅滔滔不绝地讲说上古的帝王做了哪些事迹，是如何成为帝王的。

本来秦孝公昨夜批阅奏章，几乎一夜未睡，今天早晨强打起精神要听公孙鞅讲说强国计策，没有想到公孙鞅却在这里大谈上古圣人的事迹。秦孝公顿觉睡意袭来，便朦胧睡去。旁边太监看到这种情况，便上前止住公孙鞅，让其退出书房，公孙鞅只得怏怏而退。

回去后，公孙鞅彻夜未眠。想起今天发生的事，为何秦孝公对我的帝道不感兴趣，难道我说的不妥？商鞅离开后，秦孝公很是恼火，对景监大发脾气，说："你推荐的是一个迂腐呆滞之徒。"景监心里也不好受。第二天，景监从秦孝公那回来，一见公孙鞅便开始责备，"秦孝公闻你才智过人，胸怀治国安邦之策，可你却不珍惜机会，孝公觉得你乃无用之才，把我骂了一顿。"公孙鞅心理不是滋味，无言以对。"话不投机半句多，我的帝道得不到孝公赏识。"公孙鞅陷入了极度痛苦。

二见秦孝公

公孙鞅自拜见孝公后，整日闷闷不乐。没想到此次求仕再遭波折，心理感慨颇多。他虽然请景监为自己再次引荐，可结果如何，还是未知。好不容易熬到第五天，景监派人来告诉公孙鞅，秦孝公要再次接见他。第二次，公孙鞅稍有准备，开始向孝公讲授王道，大谈兴邦之举。将那夏禹画土定赋，建国立业，如何教化民众之事，及汤武顺天应人，苦心经营，攻灭殷商，教化人民，知廉知耻之事，说了一遍。给孝公讲称王天下之道，还没有想到还未说到一半，孝公就打断话，问'似汝所说，何时见效？'"教化之事，乃王天下之大道，非只一世之功，无二三世，不能见成效。"孝公一听，便不高兴，说'汝且退下，日后再议。'商鞅无奈不得不退下。"

"你怎能说如此迂阔之话！人主得士而用，望须臾而建大功，君上施行新政，恨不得即日而成。而你却舍弃当前之策，远说古人之教化之功，岂非愚之极矣？"景监觉得无法跟孝公交待，实在是不高兴，因此说出如此重话。可是，孝公似乎并不买账。他走后，孝公又责备景监，景监转告公孙鞅，公孙鞅说："我对国君进说王道，他还没听出名堂来就让我退下，请您再让给我一个机会。"商鞅讲帝王之道，尽力描绘古人所喜欢追忆的"三代（夏、商、周）"的状况，秦孝公不愿意听，原因是他想使秦国迅速强大起来，他感兴趣的是"强国之术"，而那"帝王之道"需要数百年才能实现的事，太遥远了，他知道自己做不到，他要从切实可行的事做起。

三见秦孝公

　　商鞅第三次要求见孝公，景监虽有顾虑，但为了国家的前途，还是照办了。第三次拜见秦孝公，他吸取了前两次的经验教训，不再侃侃而谈帝道，王道，而是更加贴近实际。秦孝公是一个讲实际的人。当然，人不可能没有野心，秦孝公更愿意从眼前做起，脚踏实地，一步一步慢慢来。按说，秦孝公不会不知道更远一些的图景，但他相信贤明的君主"各及其身显名天下"各在其力所能及的范围内建功立业，而不是以描绘海市蜃楼为满足。所以前两次他对公孙鞅的话并不感兴趣。这次，孝公开始重视公孙鞅，对他说得感兴趣了。不过，是否重用还是一个未知。

　　公孙鞅走后，孝公对景监说："此人还是很有才华的，加以培养，必能成为有用之才，治国之才。我还想和他进一步谈谈。"景监转告了公孙鞅，这次，公孙鞅讲的是"霸道"。更加符合孝公的实际思想。孝公被公孙鞅的见解所吸引，继续召见。两人越来越有默契，越来越投机。两人谈话的距离也逐渐缩短了。原来，古人是跪坐在席子上的，那种姿势叫做"跽"，两人相向而跽本来是保持一段距离的。要是谈得投机，听者就会主动向说者靠近，两者之间的距离自然就会缩短。

几天下来，两人的思想上产生了共鸣。孝公越来越离不开公孙鞅。景监禁不住问公孙鞅：“你和国君谈了什么使他如此着迷？”公孙鞅会意的笑了：“我第一次和他谈帝道，明白了他的意图，如何成为帝王，称霸于天下，我再用强国之道来进一步向他解释，国君当然听的入迷。不过，孝公心中比较急切，也就难以与殷、周比较功德了。”几度迷茫，几度失落，公孙鞅终于稳固了他在秦孝公心中的地位。可谓皇天不负有心人。秦孝公态度发生翻天覆地的变化，究其原因，商鞅是能够投孝公所好：最初商鞅讲帝道，讲王道，虽然是强国之本，但秦孝公嫌那些太遥远，不能够在短时间内见到效果，因此不能得到认可。而后来所讲的霸王之道，强国之术，可以很快见效，因此能够得到认可。

　　帝道，王道，霸王之道，强国之术有何区别，我们不得而知。用现在比较流行的话说：帝道，王道犹如可持续发展，霸王之道，强国之术犹如迅速提高 GDP。可持续发展是国家的根本，但现在许多政客就象秦孝公那样只顾迅速提高 GDP 而置可持续发展于不顾，当然，这些人并不具备秦孝公的能力和远见。

　　作为一个国君，孝公对于公孙鞅的“帝道”“王道”，也应该听一下，多听听不同的理论、意见和方案，不仅没有坏处，而且有助于开阔视野，只要善于选择就行。孝公听着那些玄远一些的道理就打起瞌睡来了，如果不是因为公孙鞅讲得不够生动，那就是他的不是了。

孝公心意已决

　　到了秦宫，公孙鞅见过秦孝公，说："君上，您思虑成熟了吗？"孝公说："寡人已思虑成熟。"

　　"下定决心了吗？

　　"寡人已心如磐石，大定矣。公孙先生，您说变法一事该怎么办？当先从何处下手？"

　　"好！既然君上变法图强的决心已定，那鞅请为君上筹划。"

　　"公孙先生您说。"

　　"君上知道，要成就一件事，就得先制造舆论，让大家都知道要做什么，为什么要这样做。因此变法的第一步工作就是制造舆论。"

　　"公孙先生，您具体说一说。"

　　"以君上的名义，先下发一个变法的意向书，要求各位大臣，认真思索，积极准备。定好日期在朝堂上进行辩论，然后制定具体条令施行。这样就能使新法明正言顺地布告天下。"

　　"可是，寡人有一个担心。"

　　"君上担心什么？"

　　"朝堂辩论，主张变法的一派一定能赢吗？"

"君上放心。只要您支持变法，臣一定让那些反对变法的人牙口无言。"

"好，此事即刻去办。"秦孝公高兴的说。

公孙鞅即刻草拟了变法的意向五条。

一、变法的目的是富强秦国；

二、凡是有利于国家富强的方法手段均可以成为新制度，凡是不利于国家富强的旧制度一律废止；

三、劝战，奖赏军功，立军功者国家赐爵，无军功者不得享有爵位；

四、劝耕，凡纳粮多者可以免徭役，凡纳布匹多者也可免徭役；

五、建立群县制度，不再施行分封制。写完后立即交给孝公，孝公即刻着人誊写若干份，分发给各位大臣，并确定在三月十五的大朝会上对变法大计进行讨论，以便进行下一步的工作。

那天杜挚坐在客厅里，悠闲地品着香茶，等着华阳真人胜利的消息。

仆人进来报告，说："老爷，酒席已准备好了。"

"嗯，知道了。"杜挚说着呷了一口茶，面色十分喜悦，脸上露出得意的笑容。

杜挚一边品茗，一边想着心事，一想到不久将面南背北，不免露出得色，几次竟差点笑出声来。一会儿，他又哼哼唧唧地唱起小曲来，在客亭里踱来踱去。

思想得到肯定

孝公既用卫鞅，鞅欲变法，恐天下议己。卫鞅曰："疑行无名，疑事无功。且夫有高人之行者，固见非於世；有独知之虑者，必见敖於民。愚者闇於成事，知者见於未萌。民不可与虑始而可与乐成。论至德者不和於俗，成大功者不谋於众。是以圣人苟可以彊国，不法其故；苟可以利民，不循其礼。"孝公曰："善。"甘龙曰："不然。圣人不易民而教，知者不变法而治。因民而教，不劳而成功；缘法而治者，吏习而民安之。"卫鞅曰："龙之所言，世俗之言也。常人安於故俗，学者溺於所闻。以此两者居官守法可也，非所与论於法之外也。三代不同礼而王，五伯不同法而霸。智者作法，愚者制焉；贤者更礼，不肖者拘焉。"杜挚曰："利不百，不变法；功不十，不易器。法古无过，循礼无邪。"卫鞅曰："治世不一道，便国不法古。故汤武不循古而王，夏殷不易礼而亡。反古者不可非，而循礼者不足多。"孝公曰："善。"以卫鞅为左庶长，卒定变法之令。

秦孝公等公孙鞅坐下了，才升阶，坐上宝座。孝公坐定，群臣拜舞毕。孝公开言道："列位臣工，寡人自颁布召贤令以来，天下英才聚于秦廷，朕心甚慰。兹有天下大贤，公孙鞅先生怀揣经天纬地之才，胸藏神鬼不测之计，辱临敝邦，实乃寡人之幸，秦国之幸也。列位臣工，今天寡人给列位介绍一下，"孝公用手向公孙鞅示意一下，"这就是大名鼎鼎的天下奇才——公孙鞅，公孙先生。"

公孙鞅站起来，上前一步，先向孝公使礼，说："君上谬赞。"又冲着大家一抱拳，微微一笑，道："列位贤公，在下就是公孙鞅。鄙人见过各位大人。"说完退了回去。

"先生请坐。"孝公说。

"谢君上。"公孙鞅坐下。

杜挚、甘龙、公子虔、公孙贾等心里很不是个滋味：吾等偌大一把年纪，又是朝廷重臣，尚且站在一旁，你公孙鞅小小年纪，一个乳臭未干的小儿，又是一个白身，有何德能，却坐上朝堂之上？这样想着一个个心中愤愤不平，可是由孝公在后面撑着，他们也无可奈何，只得隐忍。

只听孝公开言道："列位臣工，想必大家已经看了前几天寡人下发给你们的知会书简。书简上的内容列位已经知悉，今天寡人召开朝会就是就变法事宜进行讨论，辩明变法的好处，统一思想，君臣共同努力，使我们大秦富强起来，不再受列强的欺侮，再振穆公当年的威风。今天我特地请大贤士公孙先生也来参加我们的这场辩论。"

秦孝公说到这里，往下面看了看，下面的大臣们一个个低头不语，就又说道："众位受卿，谁先说说呀？"

"老臣先说两句吧。"杜挚抢先说话了。他是这么想的：抢先发言，便能倡导出一个反对变法的声势，这样的话变法的声音就会弱些。于是他就向前跨一步，走出班列来，先向孝公行礼，然后说："君上，老臣觉得变法这个事儿不靠谱。俗语说得好呀，'没有十倍的好处不更器，没有百倍的益处不变制'。君上您想想看，官员按照熟悉的老规矩办事，心里就有底数，事就办得快效率高些，错误就能少犯些，这样事情就能做得圆满些；按照老规矩做事，百姓们心里就清清楚楚地知道什么事该做，什么事不该做，百姓们就会按部就班工作和生活，就会少生是非，社会就安定。官员熟悉制度，百姓生活安定，这样国家就能安定，国家安定才有希望兴旺发达。君上，各位大人，大家说是不是这个理儿呀？"

"杜大人言之有理。""杜大人所言甚是。"……

朝堂上附议之声不绝于耳，纷纷点头称是。

杜挚看到大家附议，心里十分高兴，可是脸上却没有表现出来，还是一脸的肃穆，好像十二分正经，一心为国的样子。他偷眼看看君上，君上好像坐不住了，不安地向公孙鞅那边望过去，似乎是想要从公孙鞅那里得到些帮助。看到孝公不安的样子，杜挚心里乐开了花。

他又偷眼看看公孙鞅，公孙鞅端坐在那里，跟没事人似的，表情庄重，庄重中似又有几分悠闲，自信满满的样子，他到公孙鞅这样自信自傲的样子，心里十分生气，恨不得走上去几步，将其从座位上拖下来。

公孙鞅等大家安静下来，自信地看了孝公一眼，那意思好像是说：看我如何说得他牙口无言。然后才不慌不忙地从座位上站起身来，先向孝公使礼，又冲大家抱拳，道："君上，众位大人，听小臣说上几句。"孝公看公孙鞅要开口讲话了，心中的一块石头才放到地上。

"你是谁呀？也敢在我大秦的朝堂上胡言乱语！"杜挚看到公孙鞅自信满满的样子，心中怒火中烧，又听他要开口说话，自然气得咬牙切齿，不由自主喊出这么一句来。

"嗯——"孝公表情严肃嗯了一声，然后庄重地说道，"这是寡人请来的天下英才，今天就是来专门来参加变法讨论的。杜大人你怎能这样说呢？你没有听清寡人刚才的话吗？"

杜挚自知失言，吓得赶紧跪地上，向孝公行请罪，赔罪道："老臣只是为了维护我大秦的尊严，才一时糊涂，说出了错话。"

"知错就好，好了，站在一旁。"杜挚弄了大红脸，没趣地站到班列之中。"公孙先生，您说。"孝公客气地说道。

"众位大人"，公孙鞅重又开口讲话，"杜大人说按老规矩办事官员熟悉路数，办事效率就高，百姓生活就安定，国家就兴旺。可是小臣有一事不解想请教杜大人，商纣夏桀均未闻其改制，都是按照老规矩行施朝政的，我们怎么没有看到商纣夏桀的兴旺呀？杜大人请明示之。"

杜挚被孝公斥责，已闹了大红脸，此时又遭公孙鞅诘问，弄得他无一言以对，脸憋得更加通红，心中只有气愤的份了。

"杜大人，你也说说的你的想法。说说为什么商纣夏桀守着祖宗的规矩不改，却落得个亡国的下场呢？"孝公逼问道。

杜挚不得不开口说话，只得明确表态："臣无话可说，无话可说。"

"君上，臣有一言以进，可说否？"甘龙出班列说道。

"有话但讲无妨。今天就是来让列位论辩来了，大家畅所欲言嘛。"孝公说道。

"好。老臣听说'圣人不易民而教，知者不变法而治'。现在君上您若变法更制，不按照秦国的故例行事，更改礼法来统治百姓，老臣担心天下人会议论君上您的呀。请君上慎重考虑呀。"甘龙慢慢地说道。

　　"君上"，公孙鞅站起身来说道，"臣也听过一句话'疑行无成，疑事无功'。君上您赶快定下变法的大计，不要顾及别人是怎么议论的。有高出别人智慧的智谋，本来就会被世俗所议论，有独到见解的人的思虑，也一定会遭到平常人的嘲笑。俗话说得好，'愚笨的人在事情成功之后还不明白是怎么一回事，有智慧的人在事情的萌芽状态就能预测事情的发展方向'。百姓不可以和他们讨论创新制的问题，却可以和他们一起享受成功的喜乐。郭偃的法书上说'讲究崇高道德的人，不去附和世俗的偏见；成就大事业的人，不去同民众商量'。君上，您要行大事，就不能也没有必要怕世俗的议论呀。"

　　"说得好！"孝公说。

更法第一

孝公平画，公孙鞅、甘龙、杜挚三大夫御于君。虑世事之变，讨正法之本求使民之道。

君曰："代立不忘社稷，君之道也；错法务明主长，臣之行也。今吾欲变法以治，更礼以教百姓，恐天下之议我也。"

公孙鞅曰："臣闻之：'疑行无成，疑事无功。'君亟定变法之虑，殆无顾天下之议之也。且夫有高人之行者，固见负于世；有独知之虑者，必见骜于民。语曰：'愚者暗于成事，知者见于未萌。民不可与虑始，而可与乐成。'郭偃之法曰：'论至德者，不和于俗；成大功者，不谋于众。'法者所以爱民也，礼者所以便事也。是以圣人苟可以强国，不法其故，苟可以利民，不循其礼。"

孝公曰："善！"

甘龙曰："不然。臣闻之：'圣人不易民而教，知者不变法而治。'因民而教者，不劳而功成；据法而治者，吏习而民安。今若变法，不循秦国之故，更礼以教民，臣恐天下之议君，愿孰察之。"

公孙鞅曰："子之所言，世俗之言也。夫常人安于故习，学者溺于所闻。此两者，所以居官而守法，非所与论于法之外也。三代不同礼而王，五霸不同法而霸。故知者作法，而愚者制焉；贤者更礼，而不肖者拘焉。拘礼之人不足与言事，制法之人不足与论变。君无疑矣。"

杜挚曰："臣闻之：'利不百，不变法；功不十，不易器。'臣闻：'法古无过，循礼无邪。'君其图之！"

公孙鞅曰："前世不同教何古之法？帝王不相复何礼之循？伏羲、神农，教而不诛；黄帝、尧、舜，诛而不怒；及至文、武，各当时而立法，因事而制礼。礼、法以时而定；制、令各顺其宜；兵甲器备，各便其用。臣故曰：治世不一道，便国不必法古。汤、武之王也，不修古而兴；殷、夏之灭也，不易礼而亡。然则反古者未必可非，循礼者未足多是也。君无疑矣。"

孝公曰："善！吾闻穷巷多怪，曲学多辩。愚者之笑，智者哀焉；狂夫之乐，贤者丧焉。拘世以议，寡人不之疑矣。"于是遂出垦草令。

秦孝公同大臣研讨强国大计，公孙鞅、甘龙、杜挚三位大夫侍奉在孝公的面前，他们分析社会形势的变化，探讨整顿法制的根本原则，寻求统治人民的方法。

秦孝公说："接替先君位置做国君后不能忘记国家，这是国君应当奉行的原则。实施变法务必显示出国君的权威，这是做臣子的行动原则。现在我想要通过变更法度来治理国家，改变礼制用来教化百姓，却又害怕天下的人非议我。"

公孙鞅说："我听过这样一句话：行动迟疑一定不会有什么成就，办事犹豫不决就不会有功效。国君应当尽快下定变法的决心，不要顾虑天下人怎么议论您。何况具有超出普通人的高明人，本来就会被世俗社会所非议，独一无二见识思考的人也一定遭到平常人的嘲笑。俗语说：'愚笨的人在办成事情之后还不明白，有智慧的人对那些还没有显露萌芽的事情就能先预测到。'百姓，不可以同他们讨论开始创新，却能够同他们一起欢庆事业的成功。郭偃的法书上说：'讲究崇高道德的人，不去附和那些世俗的偏见。成就大事业的人不去同民众商量。'法度，是用来爱护百姓的。礼制，是为了方便办事的。所以圣明的人治理国家，如果能够使国家富强，就不必去沿用旧有的法度。如果能够是百姓得到益处，就不必去遵循就的礼制。"

孝公说："好！"

甘龙说："不对，臣也听说这样一句话：'圣明的人不去改变百姓的旧习俗来施行教化，有智慧的人不改变旧有的法度来治理国家。'顺应百姓旧有的习俗来实施教化的，不用费什么辛苦就能成就功业；根据旧有的法度来治理国家的人，官吏熟悉礼法，百姓也安乐。现在如果改变法度，不遵循秦国旧有的法制，要更改礼制教化百姓，臣担心天下人要非议国君了。希望国君认真考虑这样的事。"

公孙鞅说："您所说的这些话，正是社会上俗人说的话。平庸的人守旧的习俗，读死书的人局限在他们听说过的事情上。这两种人，只能用来安置在官位上守法，却不能同他们在旧有法度之外讨论变革法制的事。夏、商、周这三个朝代礼制不相同却都能称王于天下，春秋五霸各自的法制不同，却能先后称霸诸候。所以有智慧的人能创制法度，而愚蠢的人只能受法度的约束。贤能的人变革礼制，而没有才能的只能受礼制的束缚。受旧的礼制制约的人，不能够同他商讨国家大事。被旧法限制的人，不能同他讨论变法。国君不要迟疑不定了。"

　　杜挚说："臣听说过这样的话：'如果没有百倍的利益不要改变法度，如果没有十倍的功效不要更换使用工具。臣听说效法古代法制没有什么过错，遵循旧的礼制不会有偏差。国君应该对这件事仔细思考。"

　　公孙鞅说："以前的朝代政教各不相同，应该去效法哪个朝代的古法呢？古代帝王的法度不相互因袭，又有什么礼制可以遵循呢？伏羲、神农教化不施行诛杀，黄帝、尧、舜虽然实行诛杀但却不过分，等到了周文王和周武王的时代，他们各自顺应时势而建立法度，根据国家的具体情况制定礼制，礼制和法度都要根据时势来制定，法制、命令都要顺应当时的社会事宜，兵器、铠甲、器具、装备的制造都要方便使用。所以臣说：治理国家不一定用一种方式，只要对国家有利就不一定非要效法古代。商汤、周武王称王于天下，并不是因为他们遵循古代法度才兴旺，殷朝和夏朝的灭亡，也不是因为他们更改旧的礼制才覆亡的。既然如此，违反旧的法度的人，不一定就应当遭责难；遵循旧的礼制的人，不一定值得肯定。国君对变法的事就不要迟疑了。"

　　孝公说："好。我听说从偏僻小巷走出来的人爱少见多怪，学识浅陋的人多喜欢诡辩，愚昧的人所讥笑的事，正是聪明人所感到悲哀的事。狂妄的人高兴的事，正是有才能的人所担忧的。那些拘泥于世俗偏见的议论言词，我不再因它们而疑惑了。"

　　于是，孝公颁布了关于开垦荒地的命令。

廷议取胜，封为左庶长

秦孝公听取了公孙鞅的思想后，决定变法。首先，他请来了秦国的贵族，甘龙、杜挚，希望可以吸取更多的见解，共商国是。关于是否变法意见并不统一，商鞅认为，只有革新政治，才能统一天下，而甘龙、杜挚认为祖宗的规矩变不得。讨论进入了白热化阶段，公孙鞅唇枪舌战甘龙、杜挚，据理力争，终于用道理打败了甘龙、杜挚，坚定了秦孝公变法的决心，决定变法。这个讨论其实也是秦国当时的一项优良制度，秦孝公和大臣在一起议事的做法，古时称为"廷议"，这在秦国是有久远传统的，早已形成所谓"祖制"。

史书的记载中有这么一个例子：秦穆公时，秦国战胜了晋国，俘虏了晋惠公，应当如何处置这位敌国国君，秦穆公拿不定主意，大臣们也有不同的看法，于是群臣就在朝廷上，当着穆公的面，讨论，甚至争辩得十分激烈。公子挚主张把他杀掉，以绝后患，而大臣公孙枝则认为这样做太过分，会使晋人对秦国产生愤怒，秦穆公经过一番斟酌，才决定采纳公孙枝的意见，先放晋惠公回国，又让他儿子到秦国为人质，这样既给了晋国君臣面子，又把主动权操在手中，可谓两全之计。

由此看出，所谓廷议，正是古代一种民主决策的方式，比君主独断专行要好。起码来说，这样做，可以把各种不同的意见摆出来，集思广益，又可以把若干不同的方案拿出来比较，择优而选。公孙鞅即刻草拟了变法的意向五条。一、变法的目的是富强秦国；二、凡是有利于国家富强的方法手段均可以成为新制度，凡是不利于国家富强的旧制度一律废止；三、劝战，奖赏军功，立军功者国家赐爵，无军功者不得享有爵位；四、劝耕，凡纳粮多者可以免徭役，凡纳布匹多者也可免徭役；五、建立郡县制度，不再施行分封制。写完后立即交给孝公，孝公即刻着人誊写若干份，分发给各位大臣，以便进行下一步的工作。

"臣有一言。"太傅公子虔上前一步说，"不知当讲不当讲？"

"但说无妨。"孝公说。

公子虔说："谚云'法古无过，循礼无邪'。此至诚之言，不可不听。君上您要明鉴呀！不能听什么人一说如何如何有大利于国家的的大话，就要改变祖宗古制。倘若有什么

闪失，如何向祖宗交待呀？"

"此真世俗之言也。"公孙鞅说，"国家贫弱，自己没有策略来改变它，别人拿出办法来了，却来指三道四，百般挑剔。再说圣人制定法律的本质是用来爱护百姓的，制定礼制的本质是为了方便做事的。假若有利于国家，就可以不按照古法行事，假若有利于百姓，就可以变更礼制。这才符合圣人制定法律礼法的本来意思呀！君上您说是这样吗？"

"说得好！公孙先生说得好呀。"孝公说道。

"不然，你说得的不对。难道我们秦国制定法律和礼制就不是用来爱护百姓和方便做事的吗？老臣倒觉得我们秦国的法和礼是

最好的，它就是我们秦国的圣人制定的，它的本质就是维护我们的国君统治的，就是爱护百姓的，就是方便行事的。今天这里是满朝的文武大臣，你问问他们有谁觉得我们秦国的法和礼不方便行事了？你问问，问问呀。"公孙贾慷慨激愤地说道。

"没有什么不方便的，我们觉得我们秦国的法和礼很好呀。很方便呀。"许多朝臣附和道。

"你听听，听听大家的意见吧。你这样做是不得人心的呀！你口口声声要变法，要更礼，你这不是在否定我们秦国的伟大吗？你这不是在否定我们秦国的所作所为吗？你这个外来的人真是别有用心呀！?"公孙贾大义凛然地又说道。

公孙贾的慷慨陈辞一停，朝堂上立该响起了热烈的掌声。

公孙贾的发言明里把矛头对着公孙鞅，暗里其实把矛头直接对准了秦孝公，大家都听得明明白白的，大家一边鼓掌，一边用眼偷偷去看宝座上的孝公有什么反应。

秦孝公内心有些紧张，他没有想到反对的声音会这么强烈，竟敢公然将矛头指向了他本人，心里有些愤怒，想：这些既得利益者自然是不愿意改革的，一改就触动了他们的根本利益，可是没有想到，他们的胆量如此之大，竟敢直接用恶毒的言语攻击寡人？看来不改是不行的，一定得改！不改国家真就在这些既自利又无能的人的手里完蛋了。他强压住内心的怒火和紧张，脸上没有什么表情，大家不知道他在想什么。他看看公孙鞅，意思是这种局面怎么应付呀？反对的人这么多。公孙鞅也朝他这边看看了，公孙鞅的眼里，有的

是自信，没有一点恐慌不安的感觉，意思是说：君上这有什么呀？这不过是一群苍蝇蚊子之辈的胡乱哼哼，看我挥舞手中蝇

拍，将它们打得牙口无言，呆若木鸡。

　　一会儿，掌声停了，嘈杂的声音也没有了，众臣又都规规矩矩地站好了。那意思好象是：君上你看，反对变法的声音这么大，这是大家的心声，你看着办吧，大家都等待着您的表态呢。

　　孝公没有理会这些，他看看公孙鞅向他示意，意思是：现在安静了，可以发言了。公孙鞅也看看孝公，点点头，意思是：君上，我要开火了，您就等着看好吧。公孙鞅稳稳地站起身形，向前走了一步，冲着孝公一抱拳使礼，说："君上，臣有话要讲。"

　　"但讲无妨。"孝公如释重负地说。

　　"谢君上。"公孙鞅又对众位大臣拱拱手，说："列位大人，小臣有两点不明，想请教太师大人。您说小臣是外来之人，这个没有错，可是您说小臣别有用心，小臣可是不敢当呀。穆公时百里奚、蹇叔、由余都不是秦国人，都是您所说的外来之人，可是他们都对秦国忠心耿耿，为秦国建立了不世之功，使我大秦成为西方霸主，令诸侯刮目相看，周天子荣封。请问太师大人，百里奚、蹇叔、由余等人有什么别有用心的呀？小臣看他们的别有用心，就是披肝沥胆勤奋工作，尽自己之智慧和热情，报效知遇之恩，使我大秦强大起来。如果说这也叫别有用心的话，小臣今天就有这样的别有用心。"

　　"说得好。"孝公兴奋地大声说。整个朝堂鸦雀无声，只有孝公的声音在大堂里嗡嗡作响。

　　公孙贾张嘴结舌，无言以对，脸上青红不定。

　　"列位大人，小臣还有一事请教太师大人。"公孙鞅顿了顿，接着说道，"您说秦的礼与法是最好的礼和法，小臣我不知道您指是我们秦国什么时候的法和礼？是秦国还没有建国时作游牧民时的礼和法呢？还是秦国做周的附庸小国时的礼和法？亦或是我们秦国强大之后的礼和法？请太师大人明示小臣和众位大人，好让我们明白你的意思。”

公孙贾无言以对。

孝公恼他刚才用恶语攻击于他，便说道：“太师，你说说，你说的是什么时候的礼和法呀？公孙先生在问你呢？”

“这个——”太师涨红了脸，可是还是没有说出什么话来。

“你倒是说说呀。”孝公又冷冷地逼问了一句。

公孙贾无奈只好结结巴巴地说：“臣，臣，臣说的是现在礼和法。”

“噢，您说是的我们秦国的现在的礼和法，那您就是说我们秦国以前的礼和法是不好的了。您这不是在反对我们的祖宗吗？你侮骂祖宗，否定先祖，你该当何罪呀？”公孙鞅说道。

公孙贾这时已不是脸红，而是脸白了，吓得他赶紧双膝跪倒在地，双膝盖当脚使，往前爬几步，向上磕头，如捣蒜，说：“臣，臣不是这个意思。”

“那你是什么意思呀？”孝公仍然面无表情，冷冷地问。

“臣，臣……”公孙贾结结巴巴说不出什么来了，只是跪在那里，不停地叩头。

孝公不再理他了，转而对公孙鞅说：“公孙先生您接着说。”

“是。”公孙鞅侃侃而谈，“我们秦国的先贤根据形势的变化和发展，在不同的历史时期制定了不同的礼和法，这些礼和法的本质都是为了适应当时的形势的需要，是为了发展我们国家的需要。那个礼和法在那个时期适应了形势的发展是好的，或说是最好的。可是形势变了，那个礼和法不能适应形势的需要，那那个礼和法就不是好的了，就是阻碍我们前进的绊脚石了。那怎么办呢？我们就应该把它搬开，制定新的礼和法。我们秦国的历史如此，人类发展的历史亦是如此。伏羲、神农，教给人们如何耕作，而不进行诛杀；黄帝、尧、舜，施行诛杀，但不过分；到了文王、武王的时候，他们各自顺应时势而建立法度，根据国家的具体情况制定礼制。礼制和法度都要根据时势来制定，法制、命令都要顺应当时的社会事宜，兵器、铠甲、器具、装备的制造都要方便使用。所以臣说：治理国家不一定用一种方式，只要对国家有利就不一定效法古代。商汤、周武王称王于天下，并不是因为他们遵循古代法度才兴旺的，而夏朝和殷朝的灭亡，也不是因为他们更改了旧的礼制才覆灭的。既然如此，改变旧法度的人，就不应该受到责难；遵守旧礼制的人不一定值得肯定，这一切都要看现行的礼和法是不是适应当今社会发展的需要来衡量。如今我秦国积弱积贫，及需变法图强。君上，您对变法的事不能再迟疑了呀。"

公孙鞅的这一番话说得入情入理，众臣无不暗自点头称是。

孝公说："公孙先生说得好呀。寡人听说从偏僻小巷走出来的人爱少见多怪，学识浅陋的人多喜欢诡辩，愚昧的人所讥笑的事，正是聪明人所感到悲哀的事。狂妄的人高兴的事，正是有才能的人所担忧的事。那些拘泥于世俗偏见的议论的言辞，寡人不再因它们而疑惑了。公孙鞅何在？"

"小臣在。"公孙鞅上前一步跪下接旨。

"朕封你为左庶长，令你全权负责变法事宜。"

"臣接旨，谢恩。臣当竭尽全力为陛下效力。"

立木为信

令民为什伍，而相牧司连坐。不告奸者腰斩，告奸者与斩敌首同赏，匿奸者与降敌同罚。民有二男以上不分异者，倍其赋。有军功者，各以率受上爵；为私斗者，各以轻重被刑大小。僇力本业，耕织致粟帛多者复其身。事末利及怠而贫者，举以为收孥。宗室非有军功论，不得为属籍。明尊卑爵秩等级，各以差次名田宅，臣妾衣服以家次。有功者显荣，无功者虽富无所芬华。

令既具，未布，恐民之不信，已乃立三丈之木于国都市南门，募民有能徙置北门者予十金。民怪之，莫敢徙。复曰"能徙者予五十金"。有一人徙之，辄予五十金，以明不欺。卒下令。

商鞅令既具，未布，恐民之不信也，乃立三丈之木于国都之南门，募民有能徙置北门者予十金。民怪之，莫敢徙。复曰："能徙者予五十金。"有一人徙之，辄予五十金，以明不欺。民信之，卒下令。

都雍城，秦国国都，有一个历史悠久的市场，这个市场开辟了二十几年，每天人来人往，络绎不绝。官办的盐店，铁店，大户人家的粮店，丝绸店。靠手艺吃饭的人也在这里摆摊，修理木材，打卖家具，制作陶器，竹器等养家糊口。城门的外面，有一群男男女女，被铁链锁着，被他们的主人当做奴隶贩卖。和他们在一起贩卖的还有一群牲口，牛，马，羊等。

城门乃交通要塞，车水马龙，步行的，骑马的，挑担的，有时马车飞快的冲进城门，人们惊慌失措，来不及躲闪。

公元前356年的一天，风和日丽，万里无云。两个人高马大的官员凶神恶煞，突然抬了根三丈长（约合现在二丈一尺）的大木杆，来到都雍城南门，找了一块空地，把木杆竖立起来，并用东西支柱，木杆歪歪扭扭的竖立在南门，引来大批人好奇的围观，路也被堵住了，人们议论纷纷，相互嘟囔着，"这是做什么呢"，"不会是出了什么事情吧"，人们相互猜疑着。此时木铎声响起了，大批人向城楼望去。铎，大铃，形如铙、钲而有舌，古代宣布政教法令用的，亦为古代乐器。宣布法令时先摇铃引起群众注意。铃声一止，城楼上便有官员开始讲话："大家注意了，新任的左庶长公孙鞅大人有令，谁能把此木杆从南门搬到北门，赏银十两。"市场人声鼎沸，炸开了锅，大家十分吃惊，议论声嗡嗡声一片。"还能有这等好事，十两银子？这么高的赏赐，我来。""不要去，说不定赏银没拿到，被打了一顿。"人们围着木杆看着，纷纷议论着，到处打听消息，估计心里的开了锅。但始终没有人敢动这根木杆。突然人群中有个少年，跃跃欲试，打算移动木杆，不知怎么了又害怕了，又红着脸放了回去。人群中惋惜的笑了。快到正午了，还没有人搬走木杆。忽然，铃声又想起来了，"大家听着，左庶长公孙鞅大人有令：把那根木杆从南门搬到北门，不是赏十两金子，现在增加为赏五十两金子！有力气的快来试一试，先到先得"。一个身材魁伟的青年站到木杆旁边了。他穿着麻布短衣，赤着脚，两手一提，就把木杆扛在肩上。人群中马上发出"好啊，好啊"的欢呼声，却也有人轻蔑地说："穷光蛋也想领金子？做梦！""我不相信扛了木杆就会杀头！"青年口里嘟嚷着，大步往前走。人们让开一条路，他穿过城中心的街道，向北走着。一大群人跟在他的后面，街头巷尾陆续有人涌出来，站在两旁看着他走过。

青年抬着木杆走到北门，有位官员热情的向他招手，那便是公孙鞅大人。看着青年走过来，两个官兵把木杆接过，公孙鞅十分兴奋，捧出木盒递给正在擦汗的青年，青年急忙打开，五十两黄金闪闪发光。从今以后，凡是官府叫你做的事，你做好了，就有奖赏；官府禁止的事，你偏要做，就要处罚，严重的要杀头。我们说话是算数的，说到的一定要做到。明天，国王要公布一批新法令，大家都要严格遵守。青年像做了一场梦，兴奋的说不出话来，人们既是羡慕，又是悔恨，心中说不出的滋味。这五十两金子的奖赏，立即轰动全城，家喻户晓。人们纷纷议论说，左庶长公孙鞅真是说话算数，说到就一定做到。商鞅在城楼上，看到有些人已经走得很远了，还在挥动手臂，起劲地议论着，他的心里比领到黄金的那个青年还要高兴。

孝公既用卫鞅，鞅欲变法，恐天下议己。卫鞅曰："疑行无名，疑事无功。且夫有高人之行者，固见非于世；有独知之虑者，必见敖于民。愚者闇于成事，知者见于未萌。民不可与虑始而可与乐成。论至德者不和于俗，成大功者不谋于众。是以圣人苟可以彊国，不法其故；苟可以利民，不循其礼。"孝公曰："善。"甘龙曰："不然。圣人不易民而教，知者不变法而治。因民而教，不劳而成功；缘法而治者，吏习而民安之。"卫鞅曰："龙之所言，世俗之言也。常人安於故俗，学者溺於所闻。以此两者居官守法可也，非所与论於法之外也。三代不同礼而王，五伯不同法而霸。智者作法，愚者制焉；贤者更礼，不肖者拘焉。"杜挚曰："利不百，不变法；功不十，不易器。法古无过，循礼无邪。"卫鞅曰："治世不一道，便国不法古。故汤武不循古而王，夏殷不易礼而亡。反古者不可非，而循礼者不足多。"孝公曰："善。"以卫鞅为左庶长，卒定变法之令。

令民为什伍，而相牧司连坐。不告奸者腰斩，告奸者与斩敌首同赏，匿奸者与降敌同罚。民有二男以上不分异者，倍其赋。有军功者，各以率受上爵；为私斗者，各以轻重被刑大小。僇力本业，耕织致粟帛多者复其身。事末利及怠而贫者，举以为收孥。宗室非有军功论，不得为属籍。明尊卑爵秩等级，各以差次名田宅，臣妾衣服以家次。有功者显荣，无功者虽富无所芬华。

秦国变法运动拉开了帷幕。

公布新法令

第二天早上，天刚蒙蒙亮，有些好事的闲人就聚集在南门口，想看看今天有什么新奇的事情发生。早饭过后，一队士兵把随身带了的准备好了的木牌挂在南门口城墙上，连起来足足有两丈长。人们拥上前去看，只见木牌上写着国王长长的命令。看的人多数不识字。有几个识字的人一面看，一面高声念着，还有人指手划脚地解释。后面的人伸长了脖子往前挤。一个穿着大袖子长绸袍、留着长长的胡子的人从后面向人堆里钻，口里嚷着："不识字的让开！不识字的让开！"

此时城楼上的铃声想起了，人们蜂拥向前，伸长了脖子想看看究竟发生了什么事。一个官员在城楼上向大家解释这道命令的大意如下：

第一，要实行"什伍"、"连作"。原来秦献公在位的时期就编过户籍，每十户编成一"什"，每五户编成一"伍"。现在再在什伍的组织中实行"连坐法"。在同一什伍中如果有人犯罪而其他的人不揭发，那么其他的人要连带受罚，叫做"连坐"。

第二，发现犯罪行为而不向官府报告的，要严厉处罚。检举罪犯的人照杀敌的赏格给以奖励，隐藏和包庇罪犯的人照降敌的罪名加以处罚。

第三，勤于耕田、纺织而使粮食和绸布产量增加的，可以免服劳役。如果因不肯劳动、游手好闲而造成贫穷，或者经营商业。而盘剥农民的，要连同妻子儿女一起收到官府当奴隶。

第四，为国家勇敢作战而有军功的，按军功大小给以官爵。为私利而斗殴，或打内战的，按情节轻重分别处罚。

第五，国王的亲族如果没有军功，不能封为贵族。人的地位依功劳大小而定，有功的尊贵光荣，无功的即使富于钱财也不能尊贵，不许乱摆排场。

大家用自在命令前，议论纷纷。那个穿着绸长袍、贵族打扮的人，摆弄着他的大袖子，对几个与他同样打扮的人高谈阔论着："一人犯法，什伍连坐，贵族与平民不加区别了？君子犯法与庶民同罪？"

"这样一来，取消了贵族的特权，你告发我，我告发你，我们这些人会不得安宁！"

另一边的角落里，有几个穿着麻布短衣的人，也在议论着：

"穷人为什么要罚做官府的下人？"

"谁叫你不肯劳动，游手好闲？你不会下乡开荒去吗？"

"勤于耕织的人可以免服劳役，我也要下乡种田去了！"

几个人正在议论着，忽然一个青年挤进圈子里说："我要当兵去！凭着身强力壮，作战立功，就能做官了！"

一个上了年纪的退伍士兵，对这青年冷笑了一声说："士兵能做官？说说罢了。你是哪一级的贵族？要让你做官？"

青年不服气地说："照你说，这新法令是假的？你要知道，左庶长说到做到，搬一根木杆还赏五十两金子哩！"看来左庶长立木为信取得了一定的效果。

谁在反对改革

自从上次讨论败下阵来，甘龙面子上挂不住，几乎足不出屋，对改革的事情避而不谈。但是事情并不像他想的那么理想。

新法令刚刚公布，甘龙便按耐不住内心的愤怒，急忙派下人抄送一份，仔细琢磨起来。立刻叫人备好马车，希望和公子虔探讨新的法令。公子虔和杜挚正在喝酒，唉声叹气。"你们对新法令研究了吗？我看就是在针对我们贵族。我们得罪了他吗？"甘龙气愤的说。公子虔示意手下拿酒来，三人围着圆桌，讨论起来。"自商鞅入秦以来，便主张变法，不顾祖宗规矩，不顾大臣反对，一意孤行，说变法可以富国强民，秦国称霸天下，我看就是无稽之谈。"杜挚讽刺道："堂堂一个下等人，非要和贵族相提并论，我看是不知廉耻，目中无人，这个法令就是在打压我们贵族。"甘龙、杜挚你一句，我一句，越谈越来劲。公子虔埋头喝酒不开口。忽然，他举起手里那只觚，对甘龙说："你看这只觚，像一个长腰花瓶，有八只耳朵，多好看呀！这是西周初年精制的，是我家祖上传下来的。"觚是喝酒用的杯子，甘龙、杜挚手里各有一只，他们不理解公子虔为什么忽然谈这个，便跟着把手里的觚欣赏了一番。甘龙说："真美！唉，现在市场上买的觚，像什么样子！

一只耳朵也没有！哪有这古代的觚好看啊！""是呀"，公子虔说：
"当年孔子看到那种没有耳朵的觚，曾经叹气道：'这也叫觚吗？
这也叫觚吗？'孔子就从这觚的上面，看到世界越变越不像样了。"
"世界越变越不像样了！"甘龙、杜挚深有感慨地跟着说。公子虔
叹了一口气，说："孔子认为：要使世界不变坏，就要讲'正
名'。觚要像觚，只是一个例子。更重要的是：君要像君，臣要像
臣，父要像父，子要像子……。这样就能恢复古道，不会变坏了。
拿我们秦国来说，贵族、平民、奴隶，上下贵贱，本是清清楚楚
的。公孙鞅是个平民，就该像平民的样子才对。可是他偏不肯安
分守己，一心想爬到贵族头上，来压制贵族。这不是上下颠倒吗？
他这个平民还像平民吗？'名不正则言不顺'，这就是大乱之源！
现在公孙鞅闹变法，他要怎样变呢？他要把我们这些贵族变得都
不像贵族，把贵族的尊严扫得一干二净，简直和下等人一个样
子！"

　　甘龙，杜挚豁然大悟，似乎有所领会，连连称赞。难道每一
条都是打压我们吗？"谁说不是呢！"公子虔把木几拍得砰砰响，
愤愤地说："这第明明白白压制贵族，你们已经议论到了。这第
三条奖励努力耕织的人，让这批人发家致富；第四条奖励勇敢作
战的人，让这批人升官带兵。这两种人大多数都是下等人，公孙
鞅想方设法培养这两种人，让他们有财有势；他们翅膀硬了，形
成一股子力量，就会跟着公孙鞅欺压我们！至于第一条和第二条，
就是不许我们贵族犯法，谁要犯法，他要追查起来，你瞒也瞒不
住，逃也逃不脱！听说公孙鞅还带来一部什么《法经》，提倡什么
'法律不能偏护贵族'，'贵族犯了法要和老百姓一样受处罚'。你
们看，上下贵贱都不分了，以后的贵族还像贵族吗？还像贵族

吗?"

公子虔说完,又拿起他那宝贝的瓠,仔细地抚弄着,以发泄他的怀古心情。甘龙、杜挚听了,大为惊慌。杜挚说:"公子高见,令人佩服。我们该如何是好呢?"

公子虔轻蔑的笑了,"公孙鞅得到大王的宠幸,我们不能以硬碰硬,公开和他辩论相当以卵击石。以后我们喝酒也要小心,以免张扬。别让他抓住把柄。"照我想来,贵族里面,能向大王说几句话的,第一是菌改,他给献公夺权出过力,大王总得听他几句;第二是祝欢,他是大王的表弟,一向往来密切。你们可以偷偷地找他们谈谈,请他们向大王指出新法令的害处,也许能够起点作用……"

公子虔说到这里,突然对两个在旁边侍候的仆人说:"你们出去!带上门!"

仆人出去了,公子虔紧挨着甘龙、杜挚坐下,眨着眼睛,低声说:"这件事,单单贵族反对还不够,还要叫老百姓一起来反对。我们可以派些心腹人出去,在老百姓中间议论,就说连坐法要害死成批的人,小贩都要饿死,穷人都要罚做下人。用这些话去煽起百姓反对变法的怒火。还要把天上星星不明、庙里鬼神夜哭一类话散布出去,引起人心惶恐,天下大乱。等到变法失败的时候,我们就请求大王杀公孙鞅向天下谢罪。你们看怎么样?"

甘龙、杜挚拍手道:"好计!好计!我们一定照你的办!"

公子虔叮嘱道:"要秘密点!可不能让公孙鞅知道!"

接下来的几天时间里,大家对国王的新法令纷纷议论,各抒己见。平民认为新法令可以改变他们生活,而贵族则不然,他们聚集在一起,煽动情绪,认为新法令对他们不公平。即使大臣们没有公开反对，但听到反对的话暗自得意，等待着法令的失败。等待着公孙鞅下台。主张变法的人大多非贵族，平民百姓，很多人曾为秦国立下汗马功劳，他们被公孙鞅举荐做官，但却一而再，再而三的受到贵族的排挤与打压。贵族沉迷于享乐，思想保守，与古不化，仗着自己位高权重连成一片，欺压这些新官员。他们渴望变法，看到贵族如此反对，马上去禀告公孙鞅，害怕变法失败。他们讲了讲连日来反对的思想，荒诞的谣言，以及自己担心变法失败的态度。公孙鞅似乎过于平静，看着他屋子里秦国的地图，微微一笑，"反对变法早在我预料之中，贵族们想一直延续他们的特权，世代相传，他们反对变法，想用自己的身份地位居高临下，变法却要奖励和提拔一批努力耕织、勇敢作战的人，凭借自己的努力上位的人，贵族们看到自己的权力被削弱，当然要反对，有些人虽然不是贵族，却听信贵族的胡说，也在那里乱喊乱叫……"商鞅说到这里，含着笑，对大家看了一下，然后从容不迫地说："支持变法的人是非常多的啊！你们怎么没看见呢？"他问："你们想想，哪些人最支持变法？""我们最支持！"官员们齐声说。"对"，商鞅点点头说："还有呢？"官员们你一言，我一语，议论起来："农民觉得有奔头，会拥护变法。""特别是富裕的农民，包括有很多土地的新财主。他们生产粮帛比较多，受奖的机会当然就多了。免服劳役以后，他们发财更快。""士兵们也支持变法。士兵都不是贵族出身，从前在战争中卖命，但是很少受奖升官。""还有下级军官，就像我吧，"一个官员说："我从前在军队里混了多年，眼看着贵族们把持军队，各立山头，把军队作为私斗的工具；每年升官受奖的都是贵族的子弟和亲信，怎样也轮不着我们。现在左庶长实行变法，论功行赏，不管是贵族还是平民，有功劳就能受奖升官，这样，平民出身的下级军官就有奔头了。他们还会不支持变法吗？"

商鞅一面听着，一面不住地点头。他说："你们讲得不错嘛。有了这些人的支持，他们努力耕织，奋勇作战，国家的税收就多了，军队的战斗力也加强了，而且，这样的军队会摆脱贵族的把持，官兵们都效忠国王。这样，我们使国家富强的目的不就达到了吗？贵族们想破坏也破坏不了。你们如果多听听这些人的意见，就会信心百倍，不会有什么疑虑了！"

这些官员非常高兴，都说左庶长说得对。可是商鞅却说："我想得还很不周到，没有注意到农民和士兵多数是不识字的，他们自己看不懂新法令的内容。现在除国都以外，很多地方是由贵族统治着。军队里面，贵族的势力也不小。这些贵族当然不愿把新法令正确无误地、仔仔细细地向农民和士兵讲解。我没有想到这一点，是一个很大的疏忽。"

"我们去向他们讲解，好不好？"一个官员提出建议。商鞅伸手拍了拍这个官员的肩膀，赞赏地说："你和我想到一块来了！"他指着地图说："我正在看地图，要分派一批人到各地去，带头木铎，在城门、关卡公布新法令的地方，用明白易懂的话向人们解释新法令的内容，并且宣告大王的决心。这样，支持变法人就会越来越多了！"

官员们从商鞅的话里，受到了鼓舞，看到了秦国的前途，也看到了自己的前途。他们决心为变法赴汤蹈火，他们争先恐后地要出去讲解新法令：

"这办法好极了！我去！"

"明天就出发！

"我一定把新法令的内容讲得清清楚楚!"

兴奋地说:"好!好!尽快出发!"

有个官员又提出一个问题:"难道对那些故意诽谤新法令的人就不管不问?"

"你的问题提得好极了!"商鞅竖起拇指赞许地说:"我们为什么要奖励告发罪犯,严禁包庇?为什么要加强什伍,实行连坐法?还不是为了制止那些贵族的破坏和捣乱,打击贵族的反抗!"

商鞅从柜子里拿出几卷公文给大家看。他说:"你们看,这是什么?这是新订的《刑律》,是我参酌秦国情况,把《法经》修改补充而成的,已经呈报国王批准,马上可以施行。《刑律》规定:诽谤国王的法令要判罪,罪重的判死刑!你们准备和那些捣乱分子作战吧!可不要手软啊!"

升官加爵

商鞅首行改革的第二年，也就是秦孝公七年（前355），秦孝公与魏惠王在洛水之东（河西地区）的杜平（今陕西省澄城县东）相会，结束了秦国长期不与中原诸侯会盟的被动局面，提高了秦国的地位。秦国还用武力逐步占有了土地肥沃、农业发展水平较高的巴蜀地区和盛产牛马的西北地区，社会生产得到迅速发展，从而奠定了秦统一的物质基础。这次相会，一则秦国富兵强，国势增加，获得魏惠王的认同；一则秦孝公急欲打开东向的路子，所以借相会探虚实。

相会第二年，即公元前354年，秦乘魏进围赵都邯郸之机，以商鞅为将，兴兵伐魏，东征河西地区之元里（在今陕西省澄城县境内，与秦孝公和魏惠王相会之地杜平相距不远）。秦军在商鞅率领下，个个争先，奋勇杀敌，大败魏军。斩得首级七千，并且乘势攻取黄河西岸的重镇少梁。

同年，秦派公子壮率师侵韩，插入韩魏两国的交界地区，进围焦城（今河南省鄢陵县北）、山氏（今河南省新郑县东北），在这三个地方筑城割据，兵锋所向，威逼魏国的新都大梁（今河南省开封市）。

据《史记·魏世家》和《商君列传》，迁都大梁在"惠王三十年"即公元前329年，此说实误。按《竹书纪年》，魏"徙都于大梁"是在惠王九年即公元前361年。

公元前352年，商鞅亲自率领秦兵，围攻魏国旧都安邑，迫使魏国投降。虽然并没有占领魏国，但秦国的军力受到了东方各国的重视，使各国不敢小看。经过这次战争，公孙鞅的新法得到了实实在在的检验，新法在秦国进一步被确立起来，孝公对新法更是深信不疑。虽然被触及利益的王室成员和各种既得利益者，心中都存着极大的不满，可是国家实实在在的富强了起来，孝公又是那么坚定地支持着新法。所以没有人敢起来反对新法了。秦国上上下下在孝公的领导下，在公孙鞅的改革大旗的指导下，全国上下团结在了一起，形成粮食富足，民风好战的良好局面。诚如《商君书·战法》篇所说："凡战法必本于政胜。"（战争的胜利必本之于国内政治上的胜利）。秦国之所以在对魏、韩战争中不断取得重大胜利，实是由于国内实力的增长，政治的稳定，统治阶层中新兴力量的崛起，人民的"喜农而乐战"这些都是商鞅第一次变法所取得的成效。据《史记·商君列传》载，当此时，秦民对新法"大悦"秦国境内"道不拾遗，出无盗贼，家给人足，民勇于公战，怯于私斗，乡邑大治"。

秦孝公十年（前352），卫鞅也因功晋升为大良造，控制了秦国的军政大权。此年，魏国与齐、赵交战，相持不下，卫鞅趁魏国后方空虚之机，率领秦军穿过河西，直捣魏国帮都安邑（今山西夏县西北），迫使安邑投降。尽管此年魏国在洛水一带修筑长城，但未能阻止秦国的进攻。

大良造官名。战国初期为秦的最高官职，掌握军政大权。同时又为爵名。商鞅制定二十等爵，列为十六级。亦称大上造。与第十五级少上造均取"主上造之士"之意得名。见《汉书·百官公卿表》颜师古注。自从秦惠王设立相国掌握军政大权后，主要用作爵名。汉代沿用。

公元前351年，卫鞅再围魏国固阳（今内蒙古包头附近），迫其投降。三年之内，连胜强魏三次，秦国声威大震。这几次战争，重在向山东各国立威，以攻为守，同时积蓄支持变法的力量。因为即将迎来的第二次变法，才是对秦国根本的触动，秦国需要一个安定的国内环境，迫使强大的魏国投降，短期内其他国家就不敢觊觎秦国，为第二次变法争取时间。同时由于秦国长期受到魏国的欺凌打压，此次兵围安邑使卫鞅获得了空前的威信，也使很多将军士卒得到了军功爵位，这群新法的受益者就成为拥护和支持变法的强大的力量。威信如日中天集军政大权于一身的卫鞅，得到秦国军队的拥护，和秦孝公的大力支持，都使即将触及秦国根本的变法就有了锐不可当的势头。

准备迁都

　　经过这几次战争，公孙鞅的新法得到了实实在在的检验，新法在秦国进一步被确立起来，孝公对新法更是深信不疑。虽然被触及利益的王室成员和各种既得利益者，心中都存着极大的不满，可是国家实实在在的富强了起来，孝公又是那么坚定地支持着新法。所以没有人敢起来反对新法了。秦国上上下下在孝公的领导下，在公孙鞅的改革大旗的指导下，全国上下团结在了一起，形成粮食富足，民风好战的良好局面。

　　公孙鞅看到变法取得了这样大的成果，心中也自是高兴。可是这离他心中的理想还有相当大的距离。他的理想是：富强国家，称霸天下。富强国家，现在看来是做到了，秦国的国库实实在在地充盈起来，现在国家要干什么事情都不缺粮不缺钱。老百姓的参战热情也被调动起来了，百姓们一听说要打仗，都高兴的了不得，再不是一听打仗就吓得要死的情形。可以说称霸天下的条件是具备了。可是怎样实现呢？这个问题，其实在他来秦国的路上，他就想好了，只有这几年条件不成熟，他没有提出来而已。不过，他一直在为这个目标而努力来着，现在条件成熟了。秦国上下都拥护新法，再也没有人敢反对了，孝公对新法，对他公孙鞅已经到了深信不疑的地步，可以说他公孙鞅在秦国现在是说什么是什么。

他现在的爵位已是大良造，行政摄宰相事，可以说是一人之上，万人之上了。若论人生富贵，他已无所求。可是他是一个有大志向的人，一个胸怀天下的人，他想让他的名字永远地流传下去。因此，他不会，也不可能，停止他的改革的脚步，相反，他不管前面有什么艰难险阻，他都会坚定地走下去，他要去实现他的理想，他不惧牺牲，他也不要安求当前的快乐，他更不会为了自己的既得利益，而放弃改革的大业，是的，在改革的大道上，他还要走下去，坚定走下去，他决不做一个走到一半就停下来的改革者，他要做一个彻头彻尾的毫不妥协的改革者。

公孙鞅一想到这些就热血沸腾，他就好像站到了历史的制高点。他按下自己激动的心情，整理好自己的思路，准备进宫见孝公，将自己的计划合盘托出。

这一天，公孙鞅穿上大良造的爵位服，来到秦宫拜见孝公。他走到孝公的书房，向孝公行君臣之礼，道："臣拜见君上。"

"平身，公孙爱卿平身。"孝公说，"此处又非大殿，不要行此大礼。"

"谢君上，臣有事向君上禀报。"

"何事还要爱卿迁来禀报，爱卿看着处理就是。"

"君上，微臣说的事，关乎到国家的前程，怎能不给君上汇报呢？"

"什么事？爱卿说吧。"

"君上，现在秦国已经是国富兵强了，已经有了称霸天下的物质基础。但是我们身处西方，对于争夺天下，可谓不利呀！"

"爱卿，有话直说。"

"我们可以把都城迁至咸阳，咸阳三面环水，一面靠山，有帝王之气，若将东面的函谷关拿下，那么我大秦便可据险关而东临天下，攻，秦军出关而天下震惊，守，险关面前天下豪杰只能止步。此帝王之功也。不知君上可有此意？"

"此言正合孤之意。"孝公说，"公孙爱卿，你现在就着手此事，制定出详细的迁都计划。"

"是，臣这就做这项工作。"公孙鞅说，"臣还有一事向君上禀报。"

"说！"

"变法的工作在咱们大秦国可谓深入人心。不过通过这几年的实践，还有需要完善和加强之处，借着这次迁都，臣想一并加以宣布。"

"说说你的想法。"

"臣是这样想的。首先，为了更好激发农民的种地热情，实行土地私有化，这样农民就会把更大热情投入到粮食生产中去，粮食的总量一些定会有更大的提高。第二，现在的度量衡没有统一的标准，给计量工作带来很的麻烦，不便于管理，国此有必要实行统一的度量衡，这样才能方便国家的管理。第三，为了加强君主的统治和权威，全国实行郡县制，郡县长官由君主统一任命，不再分封土地。这样做既可以加强君主的统治权，又可以消除内乱的隐患，可以这样说，一个人没有财力和土地，他就失去作乱的根基。第四，禁止私斗，凡私斗者不问情由一律腰斩。这样的目的是加强管理力度，使百姓们畏法，又能使其勇于公斗，即把自己的力量用于战争，这样军队的战斗力可进一步提高。第五，改革风俗，坚决禁止父兄父子同居，否则加倍收税。第六，进一步加大税收的力度，全国一律按照人口征税。"

"这几项措施都不错，爱卿即刻着手办吧。"

"是。"公孙鞅说，"微臣是这样想的，先进行迁都，等迁都之后，即刻宣布变法的新措施。这样工作可以一项一项地做，不至于手忙脚乱。"

"好，这些事就交给爱卿去做吧。"

"是。臣告退。"

公孙鞅从秦宫回来后，就着手迁都的事情，并同时进行着二次变法的工作。工作很快就形成一个完整的计划。

公孙鞅将写好的迁都计划整理好，这天来到秦宫拜见孝公，孝公看后十分高兴，说："就按计划行事吧。"

"君上"，公孙鞅说，"迁都乃国之大事，必须得让所有的臣民知晓支持才行。尤其是朝廷重臣必须得统一意见才行呀，否则，在执行的时候会遇到许多困难和不测。所以必须召开朝会加以讨论，明确迁都的重大意义才行。"

"爱卿所言，孤不是没有考虑，可是召开朝会进行讨论，会上会不会有人反对呀。尤其是那些保守的老臣，他们甘愿守一块偏隅之地，而不思进取，他们怕吃苦，怕失去他们的利益，因此他们会站出来竭力反对迁都的！到那时，孤怕迁都的事情就做不成了，更怕称霸天下的雄心壮志会夭折于一次朝会！"

"君上所虑不是没有道理，可是如果不解决思想问题，不能统一意见和意志，不能让所有的臣民了解君上您的战略意图和决心，那么迁都工作势必会出现问题，甚至夭折。"

"那怎么办呢？"

"召开朝会讨论迁都问题是必须的，在这个会上，我们必须让所有朝臣明白，迁都是秦国向前发展的必由之路，是秦国摆脱偏安一隅窘境的必要步骤，是秦国走向更强更大的必然选择，是将来争霸天下的必要准备。让所有的朝臣都明白迁都是秦国国家意志的体现，是大势所趋，是谁也阻挡不了的。把朝会开成这样，方能达到迁都的目的，方能达到迁都时十分顺利的目的。因此这个朝会是必须开的。"

"公孙爱卿说得好。今天是初五，初九就是一个大朝会，好，就在此初九的朝会上，讨论迁都的问题，你可得好好准备一下。"孝公说。

"好，臣一定好好准备，一定开一个成功的朝会。臣告退。"

下旨迁都

孝公听了公孙鞅的话，觉得说得十分有理，说到他的心坎上了。他觉得公孙鞅的话说十分有力，因此他心里乐开了花。可是他的脸上并没有表现出来。

公孙鞅说这里，顿了顿，看公孙鞅停下来不说了，孝公就说道："公孙爱卿，怎样继续改革呀？孤正要听呢。"

"是，臣接着说。"公孙鞅道，"先祖说列国都在做什么呀？是呀，列国都在做什么呀？列国都在进行改革，都在图强求存，楚国用吴起改革而强，废吴起之政则弱；魏国用李悝改革，改革的成果至今魏国还在享用；齐国用孙武改革，而成为东方军事强国；吴国用伍子胥改革，使吴国一跃而成为东南强国。凡所种种说明列国都在争夺天下的话语权，都在争夺天下的霸权。先祖穆公说的对呀！别人在进步，如果我们不进步可不就要没有饭吃了吗！"变法到现在，我们也取得了一此成绩，可是离我们想要达到的目标还差得很远，离我们称霸天下的目标还差得远啊！正象先祖穆公说的，我们还偏安于一隅，我们有什么资格争霸天下呀？我们有什么条件争霸天下呀？先祖的责备和担心是有道理的，是很有道理的。先祖拂袖往东而去，这是什么意思呢？这是要我们往东走呀！往东走？一个国家怎么个走法呢？无非就是让我们往东迁都！"

此言一出，满朝皆惊，众人面面相觑，一个个惊慌失措，一个个张着嘴，合不拢了。众朝臣，一阵慌之后，都用眼去看孝公，想从孝公的脸上，看出孝公的态度。可是孝公的脸上很平静，并没有什么吃惊的样子。

公孙鞅看到大家吃惊的样子，又停了话语，他想等大家平静了，再重新开口，可是孝公却先开口了，说："爱卿你接着说，孤很感兴趣。"

"是，臣下接着说。"公孙鞅冲着孝公一使礼，说，"现在大秦国身处西方一隅，而中华文明却在中原一带，要想征服天下，就得逐鹿中原，谁得到中原，谁就能称霸天下，以往历史一再证明这一点。夏、商、周哪朝的历史不是这样呀？因此，我们大秦要想征服天下，也必须征服中原，可是我们现在何处呀？我们鞭长莫及呀！我们的都城东迁，迁到咸阳，那么我们就能出险关而临天下，只要天下有变，时机成熟，我大秦一只军队出函谷关，就能兵临天下，而天下惊恐万状。称霸天下的主动权就在我们的手里呀！"

"说得好，说得好呀！说到孤的心坎上了。"孝公兴奋地说道。

"老臣有一事不明，请教大良造大人。"太傅公子虔说，"你说兵出函谷，说的倒是挺好，可是函谷关在我们的手里吗？"

"是呀，是呀，函谷关没有在我们的手里呀，大良造大人，您说的这可行不通呀！"太师及一班大臣都说道。

"是呀，函谷关现在是没有我们的手里，可是只要都城迁到咸阳，还怕函谷关不到我们大秦的手中吗？武关原来不是我的地盘，现在不也是吗?"公孙鞅反唇相讥道。

"那就先拿下函谷关,再说迁都的事情吧。"太傅公子虔说。

"是呀,是呀,先拿下函谷关,再迁都方保稳妥。"众臣附合道。

一时,会议进入僵局。大部分人,都赞成先拿下函谷关而后再议迁都之事。其实他们根本就不想迁都,因为他们认为迁都对他们的百害而无一利,现在在这里享受荣华富贵,有什么不好呀,干什么非要受那个辛苦,遭那个罪呀,迁到那里,心里还不安生,还要担心敌人来犯,整日里提心吊胆的,有什么好呀!

"公孙爱卿,你说怎样好呀?"孝公又问道。

"臣认为先迁都为好。现在我大秦国国库充裕,有财力做这件事,就该马上做,不能三心二意,拖泥带水,贻误时机。"公孙鞅回答道。

"小臣有一言,不知当讲否?"张归走出班列,说道。

"张爱卿有话讲请。"孝公说,"有什么想法,说出来听听。"

"关于迁都的问题,小臣不知道怎样说,小臣想从军事的角度讲一讲这个问题。"

"好,你说。"

"小臣认为,夺取函谷关并非易事,如果我们准备的时间长了,在路上行军时间长,消息就容易泄漏出去,这样敌国就做好准备,那夺取函谷关就可能失败。如果我们迁都到咸阳,那里距离函谷关就比较近了,我们的军队就会以迅雷不及掩耳之势,兵袭函谷关,取得成功的机会就大。所以小臣认为先迁都比较合适。"

"说得好。"孝公说。

"是呀，先迁都我们大秦就会以一种积极的姿态迎接各种挑战，否则我们就会陷入被动挨打的境地。"公孙鞅又说道。

"可是，我们的都城是我们的先祖定下的，岂能说迁就迁呀？"太师公孙贾大声发出疑问道。

"是呀，是呀，祖宗定下的事情，岂能说改就改呀？"众朝臣附合道。

"诸位大人，臣有一言，想说出来了，与大家分享。君上，臣可以说吗？"公孙鞅冲着孝公一使礼道。

"可以，当然可以了。爱卿请说。"孝公说。

"我们大秦的都城由西垂而秦邑，由秦邑而汧邑，由汧邑而平阳，由平阳而泾阳，由泾阳而雍，我们大秦的都城已多次更换了，如果我们的先祖都守着上祖的都城而不动，那么我们一定还在西垂小邑，我们哪里能取得今天的成就呀？因此所谓先祖定下的都城，我们不能改，不能迁，这种说法是毫无根据的，是十分荒谬的，是根本站不住脚的。为了大秦的霸业，为了大秦的未来，为了大秦的子孙万代，我们现在必须不怕吃苦，不怕困难，而完成我们迁都的大业，这样我们大秦就能够永定王业，以致我们将会有更大的作为。君上，臣以为，迁都才符合我们大秦的国家利益，而且宜早不宜迟，现在就是下决心的时候了。"公孙鞅情绪激昂地说了一通。

老臣们白发苍苍，思想顽固守旧，颤颤抖抖地说："老臣反对迁都，祖宗的基业不能动啊，我们祖祖辈辈的坟墓都在这，祖宗的规矩变不得。"祝欢是国君的表弟，他的封地就在雍城的郊外。他常常到王宫里来，和国君很亲近。他语重心长的对孝公说："虽然国都现在地处偏僻，但毕竟是百年国都，现在池宫殿样样齐全，何必举家迁到咸阳，劳财伤民不说，还会引起他国的猜疑，百害而无一利啊。一动不如一静，我们还是守着祖宗吧。"孝公闷闷不乐不做声，心想，我变法的时候大家就反对，这些顽固不化的贵族只想着自己的利益，根本不拿国家的兴盛放在眼里。变法的时候就一而再，再而三的反对，现在迁都又出来阻止。祝欢平时对我那么亲热，现在也唱反调…就为了摆脱这些人的胡闹，我也应该迁都！

就在这时，公子虔居然说话了："祖宗的规矩也是人定的，既然变法了，说明祖宗的规矩也可以改变，难道让我们这群活人守着死人的墓地过一辈子吗？所以我觉得，迁都是可以的。祖宗的宗庙和坟墓，可以派人看守祭扫嘛。"

贵族无时无刻不想着自己的利益，公子虔的封地就在咸阳附近，所以他主张迁都。

孝公听了公子虔的话，也吃一惊。他眉开眼笑地望着公子虔，心想："谁说贵族都反对变法呢？不是也有拥护的吗？"

孝公严肃地扫视全场，说："公子虔的话很有道理。为了秦国的富强，我决定两年内迁都到咸阳。贵族们愿意去的可以一同迁去，不愿迁的可以留在这里看守宗庙坟墓。从现在起，集中力量建设咸阳城，由公孙鞅和公子虔负责办理。"孝公听了公孙鞅的话，觉得说得十分有理，说到他的心坎上了。他觉得公孙鞅的话说十分有力，因此他心里乐开了花。可是他的脸上并没有表现出来。

公子虔像模像样的坐了起来。忙前忙后。招兵买马，采集材料，府内上上下下一片忙碌气氛。鲁国和卫国，两国乃七百年前周武王的两个弟弟建立的，当时奴隶制度盛行，宫殿以彰显奴隶主微风气派。这正是公子虔所向往的风格，他派使者去学习仿效这种奴隶主似的宫殿。商鞅对宫殿的风格并没有太多想法，对奴隶主风格的宫殿没有反感但也没有好的意见。他认为宫殿宏大一些，可以显出国王的威严；而且让东方各国的人来看看，也显得秦国是个富饶而强大的国家。

商鞅更注重于城池。商鞅把咸阳旧城扩大，新建了高耸的、坚固的城墙，城外墙下有又深又宽的水沟。四面有城门出入，城里有整齐的街道，还造了坚实的粮仓和钱库。在咸阳城内还修建了宽广的市场，由官员指挥官府的工商奴隶经营手工业和商业。商鞅的法令是打击商人的，但是他并不反对商业。因为他知道，农民增加了生产，就会把多余的粮食、麻布、丝绸和各种副业产品卖出来，还要买进牲畜、农具和各种生活必需品。农业增产会使商业发达，而商业发达又会促进农业增产。至于贵族，也要把奴隶们给他生产的农产品和手工业品卖出去，换取一些奢侈享乐的生活用品，如金饰、玉器和刺绣、狐裘之类。还有齐、楚、赵、魏等国的商人会运来一些秦国所缺乏的东西，来换取秦国的土特产。秦孝公命令一部分贵族留在雍。他到咸阳以后，增设了一些政府机构，又提拔了一些忠实能干的平民来担任官职。

秦孝公召见公子虔，"众多贵族之中，你最有先见之明，主张迁都，打造宫殿功不可没，寡人决定让你做太子的老师，交到太子，将他培育成有用之才。"孝公的太子名驷早已替他选定过一个教师公孙贾，教他识字、学习礼节。现在再挑选一个学问"渊博"的教师来教他读书。孝公叫公孙贾来和公子虔相见，还叫太子驷出来拜见老师。孝公对两位老师说："我把太子交给你们，也就是把秦国将来的命运交给你们。你们知道，太子将来要做国君的。你们的责任可不轻啊！不要辜负我的期望啊！"满心欢喜的公子虔答道："决不辜负大王的期望。公孙贾也连声说："遵命！遵命！"

"迁都咸阳"是大良造卫鞅的又一重大举措，咸阳位于关中形胜之地，东望山东，西控本土，北拒匈奴，南指巴蜀，进可攻，退可守，无论向任何方向用兵，秦国政府都能做出迅速的反应，行军距离不至过分遥远，且有关中沃野作为后勤保障。渭水流经咸阳城下，大大降低了粮食和军备运输的成本，也给秦国带来了巨大的商业利益。迁都咸阳，最重要的意义还是有利于秦国的扩张，在此后一百多年的时间里，咸阳作为秦国的政治、军事中心，牢牢掌控着秦国的内政外交，指挥着大秦铁军所向披靡，逐步扩张领土，最终统一了六国，而整合华夏文明的车同轨书同文、统一度量衡、推行郡县制等一系列政令也由咸阳发出，迅速在华夏大地上推广普及开来。在秦之后的一千多年中，直至唐朝，咸阳（长安）一直是华夏大地上的政治、经济、文化中心，深厚的文化积淀令今日的西安市依然傲视全国。

关于第一次变法，史书记载如下：

【公祠】未阕，盗其具，当赀以下耐为隶臣……以律论

——《睡虎地秦简》

【具体内容】

公孙鞅之治秦也，设告相坐而责其实，连什伍而同其罪，赏厚而信，刑重而必，是以其民用力劳而不休，逐敌危而不却，故其国富而兵强。然而无术以知奸，则以其富强也资人臣而已矣。

商君之法曰：'斩一首者爵一级，欲为官者为五十石之官；斩二首者爵二级，欲为官者为百石之官。'官爵之迁与斩首之功相称也。

——《韩非子·定法》

商君教秦孝公以连什伍，设告坐之过，燔诗书而明法令，塞私门之请而遂公家之劳，禁游宦之民而显耕战之士。

——《韩非子·和氏》

公孙鞅曰："行刑重其轻者，轻者不至，重者不来，是谓以刑去刑。

——《韩非子·内储说上》

商君为法于秦，战斩一首者，赐爵一级，其欲为官者五十石，其爵名：一为公士，二为上造，三为簪，四不更，五大夫，六公大夫，七官大夫，八公乘，九五大夫，十左庶长，十一右庶长，十二左更，十三中更，十四右更，十五少上造，十六大上造，十七驷车庶长，十八大庶长，十九关内侯，二十为彻侯

——《汉书·百官表》

四境之内，丈夫女子皆有名于上，生者著，死者削。

其有爵者乞无爵者以为庶子，级乞一人。其无役事也，其庶子役其大夫月六日；其役事也，随而养之军。

爵自一级已下至小夫，命曰校、徒、操，出公；爵自二级已上至不更，命曰卒。其战也五人来簿为伍，一人羽而轻其四人，能人得一首则复。夫劳爵，其县过三日有不致士大夫劳爵，能。五人一屯长，百人一将。其战，百将、屯长不得，斩首；得三十三首以上，盈论，百将、屯长赐爵一级。

五百主，短兵五十人；二五百主，将之主，短兵百。千石之令短兵百人，八百之令短兵八十人，七百之令短兵七十人，六百之令短兵六十人。国封尉，短兵千人。将，短兵四千人。战及死吏，而轻短兵，能一首则优。能攻城围邑斩首八千已上，则盈论；

野战斩首二千，则盈论；吏自操及校以上大将尽赏。行间之吏也，故爵公士也，就为上造也；故爵上造，就为簪袅；就为不更；故爵为大夫。爵吏而为县尉，则赐虏六，加五千六百。爵大夫而为国治，就为大夫；故爵大夫，就为公大夫；就为公乘；就为五大夫，则税邑三百家。故爵五大夫；皆有赐邑三百家，有赐税三百家。爵五大夫，有税邑六百家者，受客。大将、御、参皆赐爵三级。故客卿相，论盈，就正卿。就为大庶长；故大庶长就为左更；故四更也，就为大良造。

以战故，暴首三，乃校，三日，将军以不疑致士大夫劳爵。其县四尉，訾由丞尉。

能得爵首一者，赏爵一级，益田一顷，益宅九亩，一除庶子一人，乃得人兵官之吏。

其狱法，高爵訾下爵级。高爵能，无给有爵人隶仆。爵自二级以上，有刑罪则贬。爵自一级以下，有刑罪则已。

小夫死，以上至大夫，其官级一等，其墓树级一树。

其攻城围邑也，国司空訾其城之广厚之数。国尉分地，以徒、校分积尺而攻之，为期，曰："先已者当为最启，后已者訾为最殿。再訾则废。"内通则积薪，积薪则燔柱。陷队之士，面十八人。陷队之士，知疾斗，不得，斩首；队五人则陷队之士，人赐爵一级；死，则一人后；不能死之，千人环，规谏，鼹劓于城下。国尉分地，以中卒随之。将军为木壹，与国正监、与王御史参望之。其先入者，举为最启；其后入者，举为最殿。其陷队也，尽其几者；几者不足，乃以欲级益之。

——《商君书·境内》

古秦之俗，君臣废法而服私，是以国乱兵弱而主卑。商君说秦孝公以变法，易俗而明公道，赏告奸，困末作而利本事。当此之时，秦民习故俗之有罪可以得免、无功可以得尊显也，故轻犯新法。于是犯之者其诛重而必，告之者其赏厚而信。故奸莫不得而被刑者众，民疾怨而众过日闻。孝公不听，遂行商君之法。民后知有罪之必诛而私奸者众也，故民莫犯，其刑无所加。是以国治而兵强，地广而主尊。此其所以然者，匿罪之罚重而告奸之赏厚也。此亦使天下必为已视听之道也。至治之法术已明矣，而世学者弗知也。

——《韩非子·奸劫弑臣》

第一次变法的内容涉及到了七个方面：

第一，编录户籍，什伍连坐，鼓励告奸，无户籍凭证者（照身帖）不得上路，不得留宿客舍；

第二，奖励军功，按军功逐级授爵，宗师贵族子弟无军功亦不得入宗室籍，不享受任何特权；

第三，重农抑商，奖励农耕；

第四，坚持法治，将律法颁行全国，凡事皆有法可依；

第五，轻罪重罚，戒绝私斗；

第六，刑九赏一，赏罚一而信；

第七，统一度量衡。

将这七个方面独立来看，每一个都似乎有些不合理甚至严苛之处，但是，把这七个方面综合起来，就可以看到当时秦国完整的社会风貌：奸者不作，民安于居，人人奉法，政务畅通，奋勇杀敌，勤力农耕，市商有律，交易公平。这样的社会环境，体现出了最大降低内耗，最高凝聚民力，最能富国强兵，最为讲求实效的整体特征。在这样的社会环境下，只有努力奋争，才能赢得社会地位和尊重，征战不畏死，农耕不畏苦，不务虚言，不思投机，全部的心思都用的农战、爵位方面，从而形成了整个社会的向上机制，有效地激发了国家潜力。这七个方面几乎覆盖了秦国社会的方方面面，包括政治、外交、经济、军事、法律、民治、民俗等，而且每一各方面都牵涉到社会的各个阶层并延展出相关的律法制度为支撑。对于商鞅第一次变法的详细内容和作用，下面将做进一步的分析。

第一，编录户籍，什伍连坐，鼓励告奸，无户籍凭证者（照身帖）不得上路，不得留宿客舍。

这一律法历来被视为秦法严峻的代表，导致了禁锢自由，人人自危的社会恐怖氛围，但是依据当时的社会情况来看，这些并没有后人所想象的那么不能接受。商鞅变法时期，大部分国家实行的依然是奴隶制、隶农制，之前漫长的历史中，耕作者一直被奴隶主、大贵族束缚在土地上，基本完全丧失了人身自由。

"编录户籍"是由国家出面统计土地、人口，掌控数量和实情，奴隶主贵族及土地所有者不能隐匿虚报土地和人口，有利于国家税赋征收和徭役摊派、征兵入伍，是实现富国强兵的一个必然手段。

"什伍连坐、鼓励告奸"则是加强社会治安的一项举措，秦人在长期的内乱外战中趋于剽悍野蛮，不奉国法，连坐和告奸制度使人人互相监视，大大降低了犯罪率，在一定程度上实现了民众的自律和自治，也减轻了官府执法的负担。睡虎地出土的秦律对于连坐和告奸制度有着详细的解释，其中最重要的两点大意为：因不知本什伍之人作奸而未举报者，不连坐；告奸不实，诬告者，有罪。这两点保证了连坐和告奸制度不会发展成为滥杀和诬告之风，所以，生活在什伍连坐之下的秦国百姓，也并非人人自危，日夜监视为事。

"无户籍凭证者（照身帖）不得上路，不得留宿客舍"的制度则保证了作奸者无处藏匿，一旦出行，在任何一个关口或者客舍都会被立即抓获，这也是强化治安的一项重要措施。在秦国，只要身份合法，不作奸犯科之人，还是有着相对较大的人身自由的。

这一系列制度，在矛盾丛生的秦国，起到了极大的作用，国家对土地人口的真实掌握和井然有序的社会治安，有利于社会的安定和农业发展，保证了国家的税收、兵源，乱象频仍的秦国因为这项制度，局面立即扭转。当然，这项制度虽然使国家受益，却大大损害了奴隶主贵族的利益和特权，这些成为秦法推行中的重大阻力。

第二，奖励军功，按军功逐级授爵，宗师贵族子弟无军功亦不得入宗室籍，不享受任何特权。

军功爵制度推行，使长年征战，骁勇剽悍的秦人再次高度振作起来。自夏朝立朝秦人西迁以来，秦人一直在为获得生存之地而拼杀，穆公称霸之后，秦人有了较为固定的生存领地，又在不断的争霸、拉锯战争中付出了无数的鲜血和生命，却并未获得实际利益，尤其是广大的隶农贱民，参与作战流血牺牲却无功无赏，战争积极性大大受挫。军功爵制度无疑从根本上解决了这一问题。

《商君书·境内》篇详细记载了秦国的二十级军功爵位和叙功晋爵制度，以斩杀敌人首级为准封赏爵位，每一级爵位都有相对应的土地、特权、荣耀和社会地位，同时对作战不力、贪生后退者从严治罪，所谓"怯民使之以刑，则勇，勇民使之以赏，则死"。从严治军是古往今来的传统，进者生且荣，退者死而耻，是战场上的铁律，也是保证军队作战力的主要手段，不能视作严刑峻法或者蛮荒凶残。以重刑迫使怯民不敢退缩，以重赏奖励拼死奋战的勇士，重赏重罚之下，秦人"闻战则喜"，每逢战争，腰悬敌人首级，奋勇厮杀，秦国军队遂成虎狼之师。

军功爵制度的另一个特点是公平，自普通平民奴隶到宗室贵族，都要无一例外要靠军功得到爵位，没有军功的嬴秦宗室子弟，也不能享受特权，而宗室子弟想要维护自己的出身地位，就会加倍的奋勇拼杀，身先奴隶贱民，而奴隶贱民为了得到爵位，更是毫不畏死，杀敌建功，所以就形成了全民皆兵的局面，这样的局面在整体上是一种互相促进的良性竞争机制。秦国铁军在之后的一百三十余年间不断征战，经历了一代又一代人的传承，却依然保持着强大的、持久不懈的战斗力，直至扫灭六国，军功爵制度无疑是最重要的保障。

第三，重农抑商，奖励农耕。

重农抑商，奖励农耕是和军功爵制度并举的举措，农战思想是商鞅变法中富国强兵的基础，强兵靠军功爵制度，富国则必须靠农耕，充足的粮食产量也是保障军队后勤供应的第一要务。卫鞅的第一次变法就以农耕为富国之根本，抑制农者从商，从技，从诗书游说，开垦荒地、勤于农耕、多缴粮者同样可以获得爵位，得到和军功爵位一样的特权和社会地位。

《商君书·垦令》篇提到了二十种鼓励垦荒的措施，其中主要包括农战为爵位获得的唯一途径，限制从事商业并征以重税，按粮食产量征赋，重刑治理偏狭之民和疲民，粮食不得买卖，限制奢华的生活方式，限制人口流动，限制士大夫家族豢养闲人，禁止讲学诗书干扰民心等。这一系列措施只有一个目的，使"民归心于农"（《商君书·农战》）。民归心于农，则心无旁骛，一心耕作求爵，最大限度的凝聚国家财力人力，在最短的时间内实现国家财富的快速积累。

　　秦国的农战政策在很大程度上限制了商业和学术文化的发展，这些作为社会文明程度重要代表的层面受到压制，甚至一度出现焚毁诗书禁止民间论学的禁令，历来受到诟病，认为秦法毁灭文明。但是如果结合当时的社会环境和秦国的现实状况来看，就会发现事情的另一个角度。其一，秦国贫弱，地广人稀，四面环敌，随时都可能陷入战争之中，在难得的安定岁月里，积聚国力是为第一要务，而流动性很大的商业不足以成为国家的财富，诗书礼仪等文华阜盛的风气，却又容易引起虚谈之风，不创造实际的价值，对于一个急于完成战时积累的国家而言，这些层面在短时期内确实没有实际意义，且易于分散民心，只有奋力农耕才是国家真正的需要。其二，在世界历史范围内都呈现出一种现象，越是文明高度发达的地方，越容易被落后的部族彻底摧毁，古希腊毁于罗马铁骑，周被戎狄所迫由镐京东移到洛阳，都是活生生的例子。留给卫鞅印象最深刻的不仅仅是西周，还有他的故国——卫。周天子分封的卫国拥有朝歌之地，文华之风日盛，《诗经·卫风》几乎每篇都是经典，整体层次比其他国家的风高出很多，然而就是这样一个文华阜盛、强大一时的国家，却在列国的挤压下不断萎缩，成为靡靡风华的牺牲品。这对于卫鞅有着极大地触动，大争之世，国家要强大，务必要专一，凝聚民力，一切有害于国家积累的事物都要处于从属地位。对于崛起于戎狄地区的秦国，更是必须多方防范，强大的背后威胁和列国的敌视迫使秦国不得不在一些国家暂时不需要的层面做出牺牲，譬如商业，诗书礼仪。当然，这并不意味着秦国完全放弃了商业和文化，只是限制更多的百姓脱离农耕流向这些方面，以免影响国家的根本需求。无论任何时代，特定的历史时期都有特定的国家需求，在当时的秦国，这个需求，就是"一切服务于富国强兵"。

秦人归心于农，还要归功于农耕爵位的引导，秦国新法有纳粮得爵的规定，这起源于《商君书》中的均贫富思想，使"富者贫，贫者富"，具体到实际应用中就是富者以多余的粮食、财货换取爵位，而重归于贫，务须努力农耕才能重新致富，贫者由于别无其他谋生求爵之路，只能农耕自养，实现宽裕富足。这样做的结果是国家以爵位为引导，将百姓手中的余粮余财集中到国家仓库，用于强兵之路。奖励农耕为秦国积累了巨大的财富，保为之后秦国连续大规模的用兵提供了充足的后勤保障，例如秦赵之间的长平大战，秦国四十万军队以及规模几乎同样庞大的后勤部队，大约八十万人口在远离咸阳千里之外的长平与赵国消耗四年之久，秦国的供给始终有条不紊，最终赢得了这场战争，国家实力，可见一斑。

秦国百姓在商鞅变法之前，一直处于粗朴艰难的生活境地，变法之后，虽然实现了温饱自足，却依然没能享受过其他国家同时代的繁荣富庶和奢华享受，始终保持着简朴的本色。在长达两千年的岁月里，秦人一直处于艰苦的征战开拓和奋力农耕之中，放弃了一切享受，付出了无数鲜血，终于在战国后期完全崛起，统一六国，盘点文明，可以说，秦部族所付出的一切，都源自于一个虽不曾明确提出却实实在在存在的伟大的部族使命——统一大华夏。

第四，坚持法治，将律法颁行全国，凡事皆有法可依。

法治思想在中国历史上第一次被贯彻实施始于商鞅变法，是实现商鞅治国方略、保障变革成功的基础。商鞅变法一个最大的特点是以律法变革的形式完成了秦国整个政治文明框架和社会结构的转变，且没有引起国家动荡，变法最彻底，社会成本最低。商鞅的法治思想不是单一用于解决民众纠纷的国家刑律，更不是司马迁所说的"刑名之学"（《史记·商君列传》：鞅少好刑名之学），而是涵盖了政治、经济、军事、律法、外交、社会、民俗、民众心理、人性探讨等各种学问在内的治国大道。《商君书》中关于法治的论述几乎见诸于各个篇章，以律法的形式保障各项变革政策的推进，引导百姓向着国家提倡的方向凝聚力量，并且提出了全民壹法的思想，保证了律法的公平性和透明性。

我们可以从四个方面来理解商鞅的法治思想：

其一：商鞅的法治思想是秦国深彻变法的保障。

秦国的变法基本完全以律法保障为基础，这种政治和社会结构变革伴随着法治保障落实的形式，为深彻变法创造了必要的前提条件，成为商鞅变法能够成功的根本原因之一。

任何社会变革都会付出极大的代价，淋漓的鲜血，商鞅变法使一部分人的利益受到损害甚至被剥夺，另一部分人则获得了相应的权利和地位，这种"高岸为谷，深谷为陵"的社会巨变，无异于一场天翻地覆。这样的变革，也必然遇到激烈的反对，甚至是真正受到益的阶层都会产生很大的震动，面对社会变革中随时可能出现的暗潮汹涌甚至串通民变，必须预为考虑，以律法、刑罚震慑之，将所有的秦人置于律法的监视之下，分散反对变法的力量，降低变法的阻力。《商君书·更法》有言："民不可与虑始而可与乐成"，一旦新法形成真正的威势，使国家强大，人民富足，变法的根本阻力自然消解，秦国的老百姓就会真诚的拥护新法，即便是贵族势力反扑变法派，也绝不会出现社会倒退现象。

所以，法治是变法成功的关键，也是新法代代传承的根基，在强大的法治基础保障下，秦法经历了几次考验，最终坚定地走了一百多年，秦国代有明君良将贤臣，国家实力不断壮大，最终成为统一六国的不二选国。

其二、法治的普及性和广泛性。

秦国律法一个很重要的特点就是普及性和广泛性，律法涉及到了国家、社会、生活的各个方面，同时从中央到地方都设置了法官，专门向民众讲解、普及新法。这在中国法制史上是一个巨大的进步，当时战国各国虽然都有了自己的律法，但都不成系统，缺乏司法逻辑，在执法过程中随意性较大，可以随意解释，甚至不经律法直接杀戮。为了保护贵族的特权，律法不对百姓公开，解释权完全掌握在统治阶层手中，百姓因不知律法而动辄得咎，受到刑治，这一弊端甚至延伸到了统治阶层内部，孔子诛杀少正卯就是不经律法推断取证而行杀戮之实的典型例证。

商鞅的法治思想则对上述弊端提出了完整的解决方案。首先，秦国律法是一个有着严格司法逻辑的法治体系，涵盖了政府行为和社会生活的各个方面，事事皆有法可依，人为因素在法治中的影响被降到了最低；其二，律法颁行全国，法官负责讲解普及，解答疑惑，使民皆知法，这就根除了贵族利用民众的蒙昧而在律法之外滥行特权的现象，民众可以依据相关律法保护自己的利益，并依据律法实现自治，有利于社会治安稳定；其三，因百姓知法，国家官吏和贵族阶层不敢任意扰民，侵犯百姓利益，这就保证了国家政治的清明。

自古以来，普遍认为商鞅变法禁止讲学诗书是最大的愚民政策，但是法治思想的完全普及证明秦国并非愚民。诗书不能为百姓的生活创造实际的利益，易于分散民心，形成虚言迂腐之风，影响国家大政方向，而律法的普及则是开创了历史的先河，与百姓的切身利益完全联系在一起，向百姓开放律法，就是明确了百姓在律法范围内的权利，也将国家、政府置于百姓的监督之下，这是百姓最迫切的需求，也是当时的国家所能做到的最大限度的"智民"政策。

其三、法治的公平性和严密性。

《战国策·秦策·卫鞅亡魏入秦》记载："商君治秦，法令至行，公平无私，罚不讳强大，赏不私亲近，法及太子，黥劓其傅。期年之后，道不拾遗，民不妄取，兵革大强，诸侯畏惧。"

这一段记载反映了商鞅以法治秦的基本状况，其中一个最重要的特点就是律法的公平性，自宗室贵族到平民百姓，举国一法，毫无例外。《商君书》："法平，则吏无奸"，"所谓壹刑者，刑无等级。自卿相将军以至大夫庶人，有不从王令，犯国禁，乱上制者，罪死不赦。有功于前，有败于后，不为损刑。有善于前，有过于后，不为亏法。"这在中国第一次提出了法度公平公正、律法面前，人人平等的思想，以商鞅执法劓刑公子虔事件来看，秦国确实实现了律法的公平。

法治的根基在于公平正义，这一点成就了秦法虽严密而百姓无怨言的事实，由秦法给百姓带来的实际利益而言，秦法并非苛民之法，实为护民之法，在商鞅变法之后一百多年的岁月里，秦国百姓始终拥戴新法，国家步步强大，与法治的公平性有着直接的关系。

秦法的另一特色是严密的司法逻辑，例如在口供的获得方面，秦律提到："治狱，能以书从其言，毋治（笞）谅（掠）而得人请（情）为上；治（笞）谅（掠）为下；有恐为败。"意为审理案件，能根据记录的口供，进行追查，不用拷打而察得犯人实情，最好，施行拷打，下之，恐吓犯人，最为失败。在审理案件的过程中，秦法有着严格的程序，使百姓在律法面前有更多的陈述权利和司法保障，大大减少了冤假错案的产生。这是秦法在中国历史上的一大创举，更是中国法制史上的一大进步，之后汉承秦制，沿用秦法，大唐律、大明律更是在这一基础上的完善和发展，可以说，秦法的法治思想和司法逻辑，奠定了中国两千多年的法治基础。

其四、法治的真空地带：君权。

商鞅变法在当时的秦国实现了最为深彻的古典法治，但是囿于时代局限，变法派全部的支持都来自于君主，所以商鞅变法一个不能触及的领域就是君权地带。秦法若败坏，必从君权开始，商鞅很清楚的看到了这一点，但他却没有能力改变，这是历来变革者的无奈，更是商鞅的无奈。君权就像变法中的一个神秘角落，既是支持变法的力量源泉，又是随时摧毁新法的黑洞，商鞅变法赢得了秦孝公的全力支持，然而后代的君主却未必凛遵。商鞅很有可能考虑过为君主立法，如果这一思想能够成立，那么秦国将诞生世界上最初期的"君主立宪制"，当然，他即便有这样的思想，在当时的秦国也不可能实现，反而会使变法大业中途夭折。

商鞅所能做的就是反复论述君主不可以私害法，干涉律法的执行，在《商君书》中，他不止一次的提到："断家王，断官强，断君弱"，"以五里断者王，以十里断者强，宿治者削"，"释法而任私议，此国之所以乱也"，这些观点的中心涵义就是以法治保障国家、政府、百姓的自治，国家的每一个基本单位，也就是人和家庭以及每一级政府官吏，都能按照律法明确自己的责任，自行其事，则国家的一切事务就能有条不紊在正常轨道上运行，而一旦君权干涉法治，以私情害法，国家就会出现不同的秩序，不同的秩序并行，则民无所适从，民无所适从，则国家混乱，国家混乱，则君臣忙于应对治理，其结果是越治越乱，国家削弱。所以，君权是法治最大的不稳定因素，更是能将法治破坏殆尽的源头。

　　一百多年后的事实证明，商鞅的忧虑和无奈不无道理，秦的灭亡，果然从法治败坏开始，于是君权失控，劳民过度，民无所适从，军无以供给，国家基础不稳，政府不得正常运转，疲于应对变乱，加之六国世族蓄意起兵，天下遂成大乱之势。

　　第五，轻罪重罚，戒绝私斗。

　　商鞅变法中一个重要的思想就是轻罪重罚，意思近乎于后来的"治乱世，用重典"，这一思想在《商君书》中有着比较深刻的阐释。

　　《商君书·靳令》："行罚，重其轻者，轻者不至，重者不来，此谓以刑去刑，刑去事成。罪重刑轻，刑至事生，此谓以刑致刑，其国必削。"

　　《商君书·去强》："以刑去刑，国治；以刑致刑，国乱。故曰：行刑重轻，刑去事成，国强；重重而轻轻，刑至事生，国削。"

　　《商君书·画策》："故以战去战，虽战可也；以杀去杀，虽杀可也；以刑去刑，虽重刑可也。"

　　这几段话反映了商鞅"轻罪重罚"根源和以刑去刑的法治思想，在秦国社会秩序较为混乱的情势下，树立法治权威，稳定国内秩序就显得极为迫切，一切变法的推行都要以强有力的政府威信、法治权威和有序的社会环境为前提，如何以最迅速最有效的方式实现社会治安的稳定并能够得到长期的保障，是商鞅变法首要考虑的问题。

那么，轻罪重罚无疑是最好的选择，轻罪重罚，则民畏法惧刑，民畏法惧刑，则轻罪不犯，轻罪不犯，更不会触犯重罪，如此，则犯罪减少，社会安定，达到"以刑去刑"的目的。如果对重罪施以轻刑，或者轻罪轻刑，重罪重刑，则民不畏法，依旧犯罪，是为"以刑至刑"。"以刑至刑"则国家混乱，"以刑去刑"则国家安定，所以若能"以刑去刑"，轻罪重罚就可以成为国家的常态，轻罪重罚的最高理想乃是人人奉法自律，没有刑罚而国家大治。

"戒绝私斗"则是商鞅针对秦国长期以来存在的民间私斗制定的严令，私斗源自于秦人彪悍好武的民风，普遍存在的大规模私斗导致了私怨盘结，社会动荡，民心涣散，出战不利，也是社会治安得不到保障的重要根源之一，戒绝了私斗，秦国的社会秩序就能够从根本上扭转。《史记集解》引《新序》记载："卫鞅……一日临渭而论囚七百余人，渭水尽赤，号哭之声动于天地。"如此大规模的论囚刑杀，起因应该就是大规模的私斗触法，商鞅依法刑杀私斗犯法者，以七百余人的生命鲜血给了秦人一个极为沉重的教训，自此，秦人"勇于公战，怯于私斗"，秦国律法令行如山，百姓凛然遵守，不敢触犯，社会治安扭转，新法顺利推行。

第六，刑九赏一，赏罚一而信。

民皆有趋利避害之心，贪求富贵爵位名望，袒护家人亲戚四邻，这些，都需要以律法赏罚予以矫正，所以刑赏是国家治理百姓，引导政策方向，强化君主权威的根源所在，君主执刑赏而治天下，正是针对人的本性而设。在《商君书》中，商鞅对于国家刑赏有如下论述：

《商君书·去强》：重罚轻赏，则上爱民，民死上；重赏轻罚，则上不爱民，民不死上。……王者刑九赏一，强国刑七赏三，削国刑五赏五。……国作壹一岁，十岁强；作壹十岁，百岁强；作壹百岁，千岁强，千岁强者王。

《商君书·刑赏》：圣人之为国也：壹赏，壹刑，壹教。壹赏则兵无敌，壹刑则令行，壹教则下听上。

这段文字中提到"重罚轻赏"和"刑九赏一"两个词，这两个词并非字面呈现出来的刑法严苛而吝啬奖赏的含义。"重罚轻赏"，是轻罪重罚和不滥施奖赏之意，"刑九赏一"是以刑罚禁绝百姓诸般恶习，而赏从一出，一就是农战，以爵位的形式体现。把这两个词结合起来，就可以看出，秦法实际是奉行重刑重赏的思想，以刑赏引导百姓的力量向着有利于国家强大的方向发展。秦法重耻尊爵，所以受刑者耻，得爵者荣，百姓致力于追求爵位，而爵位从农战出，如此则能凝聚民力，国家强大，这才是"轻赏""赏一"的根本内涵。《商君书·境内》篇曾提到，"夫劳爵，其县过三日，有不致士大夫劳爵，罢其县四尉"，也就是说已经核实的爵位，各县要在三日之内落实到人，如不能落实，就罢免县尉之职。这说明秦法并不吝啬奖赏，而且奖赏能够很快落到实处。

因赏罚皆由君出，所以百姓会拼死为君主效力以挣取爵位，是为"民死上"，而国家奖赏皆从一出，就能最大限度的凝聚民力，若有多种渠道可以获得爵位奖赏，则民力分散，醉心钻营，不事农战，最终导致国家削弱，是为"王者刑九赏一，强国刑七赏三，削国刑五赏五"。如此，就要求国家刑赏的稳定性和统一性做出了较高的要求，长期稳定的刑赏政策才能引导民力的方向，也就是要求"国作一"，国家长期坚持赏罚从壹，就能兵革强大，粮仓富足，民从政令，就能不断强大。

第七，统一度量衡。

统一度量衡对于秦国的意义不言而喻，无论是商业的发展还是国家征收赋税，计算军需供给、兵器打造等，都需要统一的度量衡标准。战国时期，币制混乱，度量衡混乱给日常的商品交易、国家计量和百姓生活带来很大的麻烦。战国国家林立，彼此之间的货物周转因币种和度量衡的不统一，形成了重重的交易壁垒，甚至一国之内都有多种不同的标准。

秦国率先统一度量衡，在国内实现了统一的标准，不仅有利于国内的经济、赋税发展，更吸引了山东六国巨商的目光，为秦国赢得了更多的急需货物。秦国对国内的从商者实行课以重赋，摊派徭役等措施，但是并不代表着秦法完全不重视商业。《商君书·去强》："贵人贫、商贫、农贫，三官贫，必削。"也就是说，国家的贵族、商人、农民都不能贫困，由这一点可以看出，秦国对于商业还是有着充分的认识和足够的重视的。统一度量衡给秦国带来了极大的利益，对于秦国的富强功不可没，而秦始皇统一六国后，立即将这一举措在全国实行，可见秦国深知这一政策的深刻益处。统一度量衡与后来的车同轨书同文一起构成了华夏文明重建的基础，其深远意义不言而喻。

商鞅的第一次变法给秦国带来了巨大的影响，初行变法，百姓皆言不变，新法颁行十年后，"秦民大说，道不拾遗，山无盗贼，家给人足。民勇于公战，怯于私斗，乡邑大治。"秦国由此迅速强大起来，成为战国时期影响中国的最强大的一支力量。

二次变法

踌躇满志的公孙鞅高高兴兴地来到新都咸阳，来到新都的后，他立即着手进行二次变法，在第一变法的基础上，根据这几年的实施情况，进一步完善改革的措施，其中心意思就是建立君王的绝对权威，只要是与这个中心意思相左的，不管是那来自那层面的，一律都得让路，即使是王室，也不能离外，当然，改革变法到了今天，这一点，他公孙鞅是做得到的。事实上，最大的阻力就是来自王室和官僚，他改革的对象也主要是王室和官僚无偿占有国家的财产和官爵这种情形，即世卿世禄制。他认为，乱世用重典才行，而要开创一个亘古未有的新制度新世界，更得用重典。为此，他拟就二次变法的内容，简要摘录如下：一、实行郡县制。凡境内村镇皆并为郡县，大者为郡，小都为县，郡设郡守、郡丞各一人，县设县令、县丞各一人。郡守、郡丞、县令、县丞均有君主委派。二、彻底废除井田制，鼓励垦荒，新垦之土地，三年免税。严格按地亩征税。三、分户。民有二丁，须分户，不分倍征丁钱。四、连坐法。五家为保，十家为想连，互相监察。一家有过，九家同举；不举者，十家连坐，俱腰斩。一人有罪，全家株连。六、良民证法。客人住宿，务要取良民证辨验，无良民证者不许容留。七、统一度量衡。境内度量衡务要统一，有私造衡器者腰斩。八、禁止私斗，私斗者一律处斩。九、本富。男耕女织，粟帛多者，谓之良民，免其一家之役；惰而贫者，没为官家奴仆。弃灰于道者，以惰家论。十、劝战。官爵以军功为叙，斩一敌首，即赏爵一级，退一步即斩。十一、焚烧《诗》《书》等无用之书，只留《农》《工》有用之书。重实干，禁游说。十二、重典。政令一出，不问贵贱，一体遵行；有不遵者，杀戮示众。十三、凡与本法抵触者皆以本法实行。

不久，孝公也高高兴兴迁到咸阳，孝公看到咸阳的宫殿更比雍的雄伟壮丽，心中自是高兴。这天，公孙鞅将二次变法的条例上报孝公审定，孝公看后，心中非常高兴，当即全部照准。次日，公孙鞅将新法条例张挂在城门楼上，供众人观看；并令书办们抄录分发到全国各处。一时间，全国上下掀起了学习新法的高潮。贵族和老牌官僚虽然心怀不满，可是在强大的舆论压力下，也不敢开口反对，他们只能老老实实，不敢乱说乱动，生怕公孙鞅的刑法执行到他们的头上。现在全国上下压得就象一碗水那样平，没有私毫不顺之处。

公孙鞅将秦国分为三十一个县，开垦田亩，增税至于百万。凡有违反新法者，无论贵贱一律处死，公孙鞅经常亲自阅囚，一日诛杀近千人，渭水为之尽赤，哭声遍野，百姓夜里睡觉，在梦里都战战兢兢。几年后，秦国便出现了道不拾遗，国无盗贼，仓廪充足，勇于公战，而不敢私斗的情形。秦国富强，天下莫比。

第二次变法主要涉及三个方面：第一，废井田开阡陌；第二，废除分封制，实行郡县制；第三，迁都咸阳。

井田制是分封制的基础，奴隶主贵族受封于国君，世代继承，固定的土地界限，固定的生产方式下，土地不能得到有效利用，农耕技术得不到更新和推广，新兴的地主阶级和富裕平民得不到政府的认可，导致了以农业经济为支撑的整个国家经济状况僵化，赋税减少，国家贫弱，先进阶层受挫，新旧两种势力冲突激烈。"废井田开阡陌"改变了奴隶制社会下的农业生产结构，从基础上打破了贵族分封制对土地的所有权，承认了地主阶级对土地的控制，允许土地的买卖。这一措施大大激励了新兴阶级的积极性，大力开垦荒地，运用先进生产技术，勤耕作，多纳粮，广置田，人民的生活得到了改善，国家仓库丰足。在当时秦国地广人稀的情况下，废井田开阡陌促进了耕地的大量开垦，农业经济发展迅速，加之国家抑富，引导富者以钱粮换取爵位的政策，并未出现土地大量兼并的现象，基本能够保证耕者有其田，并非后世"富者田连阡陌，贫者无立锥之地"的景象。

"废除分封制，实行郡县制"给了奴隶主贵族最沉重的一击，废井田开阡陌是打破了奴隶主特权的基础，而废除分封制，实行郡县制则是明确提出取缔贵族特权，将地方治权收归中央，加强中央集权。国家若要强大，就必须统一治权，凝聚国力，分封制造成了一个个分裂的小利益团体，无疑不利于国家综合实力的发展。废除分封制，实行郡县制是商鞅变法中最触及奴隶制根本的一项举措，这一举措重新构架了国家的政治框架，奠定了中国两千余年的国家统治体制，并一直沿用到今天。强大的国家中央集权使得政令畅通无阻直接贯彻到地方，保证了政丨防和谐丨府对国家全部人力物力的调配，将奴隶主贵族私家封地的很大一部分利益收归国有，相对于同时期的其他国家，秦国的综合实力得到了飞速提升，先进的政治体制、强大的中央集权、雄厚的国家实力，是秦国能够最终统一六国的根本基础。

这两项举措从根本上得罪了秦国的旧贵族，甚至被刑治过一次的太子傅、秦孝公之兄公子虔都再度触法，在变法面临功亏一篑之际，商鞅果断劓刑了公子虔，而这一做法也得到了秦孝公的支持。劓刑公子虔令旧贵族看到了秦孝公和商鞅变法的决心以及牢不可破的君臣信任和互相支持，一时尽皆沉寂，最艰难的变革阶段成功度过，秦国从根本上发生了改变，这一变革影响了秦国的命运，也影响了整个华夏文明的命运。

商鞅变法之后，秦国迅速强大起来，此时，大良造卫鞅言之于秦孝公：秦之与魏，譬若人之有腹心疾，非魏并秦，秦即并魏。何者？魏居领阨（岭隘）之西，都安邑，与秦界河而独擅山东之利。利则西侵秦，病则东收地。今以君之贤圣，国赖以盛。而魏往年大破于齐，诸侯畔之，可因此时伐魏。魏不支秦，必东徙。东徙，秦据河山之固，东乡以制诸侯，此帝王之业也。"此言可谓一语道破秦魏之间的利害关系，魏乃是秦国东出最大的障碍，而秦也是魏国腹心最大的威胁，秦胜魏，则能东出天下，威加诸侯，成就帝王之业。此时的秦国兵革强大，国家富足，有了充足的条件与魏一战。

废除井田制

商鞅陪着孝工会见魏惠王以后，声名大噪。二次变法中有一个中心问题，那就是废除井田制。井田制是中国春秋以前土地公有制的实现形式。井田就是方块田。"井田"一词，最早见于《谷梁传·宣公十五年》："古者三百步为里，名曰井田"，"井田者，九百亩，公田居一。"据说，夏朝曾实行过井田制。商朝、周朝的井田制因夏而来。到西周时已经发展很充分。到春秋时期，由于铁制农具的和牛耕的普及，井田制逐渐瓦解。井田制就是把耕地划分为一定面积的方田，周围有经界，中间有水沟，阡陌纵横，像一个井字。一人耕种大约 100 亩（约合今 70 公亩）。100 亩为一个方块，称为"一田"。甲骨文中的"田"字也是由此而来。一井分为 9 个方块，周围的 8 块田由 8 户耕种，谓之私田，私田收成全部归耕户所有；中间是公田，由 8 户共耕，收入全归封邑贵族所有。但实际上并不是每块井田都是 900 亩，还存在诸如 800 亩，1000 亩这样的特殊情况。

国王将私田赏给贵族，这些贵族，大部分是国王的兄弟子侄，少数是国王的亲戚或功臣，他们不但得到土地和奴隶，还得到封号和爵位。他们按照贵族的等级，可以建立自己的管家机构，也就是政府和武装，来统治奴隶。这样就形成一层层的半独立的小王国。贵族还可以把自己的小王国传给子孙。这就是井田制，它是我国奴隶社会生产关系的基础。

废井田，肯定不是废除这种客观的"井田"，而是废除经营管理"井田"的这种老体制与机制。即授权委托奴隶主垄断土地，并凭借垄断权经营管理土地及奴隶。使奴隶成为所有土地的农民，成为自耕农。商鞅和孝公决定，要把井田的封疆和阡陌界限全部平毁，废除井田制。不能让贵族继续统治封地，掌握地方政权；要建立新的地方政权，那就是由中央直接指挥的地方政权。

"大家放开干吧，有国王给你们做后盾，给你们撑腰，不要怕贵族那些势力和祖宗的旧法。"商鞅义愤填膺地鼓励大家。

商鞅府上灯火通明。

公子虔乃细心之人，留意到这点，心理产生了疑惑。不过又不能正面的去问，只能从太子下手，旁敲侧击。

给太子上过课后，公子虔故作玄虚的对太子说："大良造府上灯火彻夜通明，好不热闹，真想晚上过去看看。"

"他们在做什么呢？"七岁的太子好奇心强，公子虔的口吻和态度吸引着太子这颗童心。

"老师也不知道，或许大王知道吧。"

太子一听，吵吵嚷嚷去找父亲，打探个究竟。公子虔留在太子住的东宫里和公孙贾谈天，等候太子把消息带回来。太子回来的时候，和一个青年贵族手搀着手，一面走，一面亲密地谈着话。公子虔很快认出，这个青年贵族是祝欢。

三人相见，免不了寒暄几句，大家客气的聊了几句。祝欢是留在旧都雍的人，他的封地也在那边。"既然到新都来了，就多呆一段日子，看看新都的样子，就住在我的府上，可千万不要客气啊。"

"明天就回去了。"祝欢一筹莫展。

"为什么呢？家中有事？"公子虔和公孙贾都很吃惊，异口同声地问。

"实不相瞒，我此次来本想多住些日子，可大王叫我来，是让我把家里的军队叫出来，给国家管理。"

"你家里的？"公孙贾惊问。

"不单我家里的，所有贵族的私家军队都要交出来。"

公子虔一筹莫展，整个贵族里面，他家的军队是最多的，贵族永远想着自己的利益，他怎么舍得将自己的军队交给国家，这不是在逼他吗？"那怎么行，我们没有了军队，如何让奴隶听从于我们，如何管理家族封地？"

祝欢哀声道："实不相瞒，这二次变法就是要废除井田制，取消给我们贵族的封地，全国划分成县，由县令来管制，我们贵族什么都不是了。"

"难道国王让我们当县令？管理军队？这样也好。"

"公子虔啊！你是在做梦吗？大王是要我们交出封地，让别人管理。我们以后就是平民百姓了，需要人家来管制。"

公子虔哑口无言，似乎想说什么又憋了回去。"公孙鞅实施变法，我看就是针对我们贵族，打压我们，收回我们的特权，让我们和下等人一样，我们得罪他了吗？废除井田制意味着什么？"公子虔顾不上太多礼数，一屁股坐在了地上。心理说不出的滋味。欲哭无泪。

祝欢的匆忙离开，就是因为这个原因，而大良造府上车水马龙，一是这个原因。太子年少无知，对大人们的事情并不感兴趣，他拉着祝欢，要去看新玩具，祝欢哪有心情，敷衍着太子。太子的众多玩具中，有一个"老头"，便是孔子。"太子，不要说老头儿，那是孔老夫子的塑像呀，那也不是玩具，是供你早晚瞻仰的呀。"祝欢听了，伸出拇指夸奖公子虔道："公子，你教太子认真得很啊，佩服佩服。"他又对太子说："太子啊，你要好好听两位老师的话，认真读孔子的书，学习古礼。我们的希望就在你的身上啊！千万别听公孙鞅那一套！""公孙"太子听惯了这个名字，却并不了解这个人，就做了个鬼脸，说："我才不理他哪！"祝欢对太子的玩具很感兴趣，就搀着太子进内室去了。书房里留下公子虔和公孙贾。他们沉默着，两个人都愁眉苦脸地各想各的心事。公子虔想："我家的军队人数最多，交出去太可惜了。如果在国家改编以前，把士兵调做家内奴仆，这样，交出去的军队人数就少一些，不是可以减少损失吗？"他觉得，事不宜迟。必须抢在大王公布命令前办好这件事。他要偷偷地到自己的封地去走一趟。他暗地里叫了一个仆人，叫他牵出两匹马。仆人说："老爷等一等，让我套车。"按照贵族的礼，公子虔出门是非坐车不可的。但是他这次也顾不得这个礼了。他低声说："别叫嚷，弄得大家都知道。骑马比坐车快，你就不必套车吧。"公子虔跃身上马，向城外奔去。仆人只得也骑上马，紧紧跟在后面。

平毁封疆

　　封疆，分封土地的疆界；分封的疆界，界域的标记，聚土而成。故曰，域民不以封疆之界。——《孟子·公孙丑下》。

　　平毁封疆是商鞅变法的又一项壮举。公子虔的封地就在咸阳城附近，奴隶们拿着工具正在热火朝天的干着，封疆已经露出几个缺口，奴隶们更加卖力气。公子虔看到此时此景，破口大骂："该死的奴隶，我看你们是不想活了，敢破坏老子的封疆，看我怎么收拾你们。"说着，公子虔挥起了鞭子。奴隶们斜眼瞟了一下公子虔，没有理会，干得更来劲了，这是平时干活中不曾有过的卖力气。公子虔更恼火，大声嚷道："住手"。奴隶们看到公子虔气急败坏的样子，很是过瘾。有一个奴隶不耐烦的喊道："挖吧，挖吧，不用理会他。"如果是以前，公子虔有大批的军队，他会叫军队来镇压这群奴隶，可此时，他束手无策。正巧此时家臣从旁边走过。"你是瞎子吗？他们如此折腾你居然不管。"家臣示意公子虔进一步说话。"老爷，自从早上他们把军队收回，就开始下命令，让奴隶们挖封疆，我们没有了军队，对奴隶们也没有办法，只能看着他们毁了我们的封疆。"公子虔垂头丧气，作为太子的老师，他也想装成革新派，在秦孝公那里博得好感，可是他实在强颜欢笑不出来，眼看着自己祖宗基业毁在自己手里，他恨不得将公孙鞅千刀万剐。以解心头之恨。

第二天公子虔去给太子上课，此时祝欢已经离开，他特意向太子宣传西周的礼仪，讲述西周多么多么好。贵贱分明，一层一层分的特别清楚，谁也别想作乱犯上，现在人们把祖宗的家法规矩都放在脑后。太子似懂非懂的问："谁在破坏周礼？怎么样才能恢复周礼？"

公子虔想了想说："别管谁吧。孔子说：'克制自己，使自己的言行符合周礼，这就叫仁。'太子将来做国君，就要行仁，怎样行仁呢，那就是要把周朝的礼制完全恢复。你一旦这样做了，天下的人都会归顺你的统治了。这些等你做了国君就会懂了。"

法律不能偏护贵族

雍县县城的南门，一匹快马呼啸而过。骏马飞奔之处，扬起一阵阵灰雾。马背上的人汗流浃背，到了驿站转交给另一个人，"急件，要快。"另一个人接过，快马加鞭，通过这样一站一站的传递，快件终于以最快的速度送到了大良造商鞅的手中。快件属于密件。古时候为了防止无关的人偷看信件，公文一般是竹简，用绳子紧紧地捆住，绳子打结的地方还厚厚地涂了泥巴，上面盖上印章。公孙鞅一听说是急件，检查信件没有被旁人拆开过，急忙打开来看。看了信件内容，不由得惊呆了。雍县的贵族祝欢，无恶不作，仗着自己贵族身份，强抢农民的女儿为奴，农民起来反抗，把家臣围住，准备送去官府，祝欢亲自上阵，带领下人打死农民，把家臣接走。农民现在义愤填膺，祝欢的行为激起了民愤，强烈要求严惩祝欢。县令特地向大良造请示办法。

这件事本来十分简单。《刑律》规定，杀人者死。把祝欢逮捕处罚斩首示众就是了。商鞅为何如此为难，闷闷不乐呢。祝欢乃何许人也。祝欢，秦国贵族，当今国君秦孝公的表弟，平时与国君走动十分密切。国君如果不下命令，处罚祝欢是很困难的。商鞅马上带上这份传上来的急件，拜见国君，向国君请示。此时，秦孝公和太子正在聊天，看见商鞅进来，秦孝公笑道："太子刚刚正在和我讨论问题，有许多地方不懂，正好大良造来访，你把刚才的问题向大良造请示，必会得到很好地解释。"废除井田制一晃已经四年过去了，弹指一挥间太子十一岁了，思想上也有了一定的见解，不再是那个无知的少年了。他趾高气昂的问商鞅："孔子曾说过，国家统治人民，为何要杀死他们？我们秦国自从变法以来，杀人无数，我们是不是杀的人过于多呢？"

此问题一出，商鞅顿时惊住，不由得有些吃惊。太子年仅十一岁，虽然年龄增长，但这个问题绝不是他这个年龄可以想出来的，一定有人背后主使，暗中交他。不过听到这个问题吧，商鞅心理也像打翻了五味瓶，说不出的滋味。变法十年以来，这个问题听得耳朵都出茧子了，什么杀人太多，不仁不义，残忍没人道，罪名还真的不少。特别是二次变法以来。废除井田制，贵族们更加反抗，在咸阳附近的渭水边上开审判大会，镇压了七百多个破坏变法的贵族，这就招来了更加恶毒的诽谤，无知的人们以讹传讹，弄得沸沸扬扬。

商鞅对这些评论早已见惯不怪了。面对太子的问题，商鞅把太子拉倒面前，语重心长的，亲切的说："太子年纪尚小，有许多事情错综复杂，不像你想的那样简单。我们的理想是秦国繁荣昌盛，统一天下，要想实现这些理想，就必须变法。可有些人只顾着自己眼前利益，拼命阻挠变法，还搬出了祖宗的规矩，这些人如果不惩罚他，就会继续破坏捣乱。我是主张用重刑的，用了重刑，人们就不敢犯法了。这叫做'以刑罚消灭刑罚'。孔丘说不用杀的手段，那是骗人的，他自己在鲁国当代理宰相不多久，就杀掉一个著名的革新派人物少正卯。他和我们一样杀人，不过，他杀的是革新派，我们杀的是顽固保守派罢了。所以太子不要被谗言迷惑，不能只顾眼前利益，凡事以大局为重。"商鞅一边像太子解释着问题，一边将急件向秦孝公呈上。孝公看完公文，不由得一身冷汗，浑身不自在起来。惊叹道："祝欢如此胡作非为，真是败类。"边说边叹气摇头。听到祝欢，稚嫩的太子马上插嘴问道："是祝欢表叔吗？他怎么了？是要过来陪我玩吗?"秦孝公把公文的内容说了个大概，转过头来，问商鞅："你觉得这个事情应该怎么办？"太子看到事情不妙，赶忙说道："饶了祝欢表叔吧，饶了他吧，大良造，祝欢表叔对我特别的好，求求你了。"太子央求道，可怜巴巴的望着商鞅。秦孝公示意太子不要说话，再次请商鞅发言。商鞅摇了摇头。"祝欢地位不同凡人，实在不好定夺，此件事情非同小可，请大王亲自做决定。"

商鞅把决定权又推给了秦孝公。孝公思索着，这是一次非同小可的决策。太子从席子上爬到孝公跟前，声音有些发抖，喊道："可不能杀他啊！可不能杀他啊！求求大王饶了表叔。"太子苦苦的哀求。秦孝公长叹道："祝欢乃我的表弟，秦国的贵族，他如果尊敬我，喜欢你，希望秦国国泰民安，为何还要违抗法令，胡作非为。"

根据《刑律》，法律绝对不会偏袒贵族，贵族犯法，与庶民同罪。太子大哭起来。他一面揩眼泪，一面说："他又没有反叛父王，只不过打死两个农民罢了。"商鞅在旁边听着，忍耐不住了。他说："太子啊，打死人还是小事吗？'杀人者死，法有明文。国王的法律，人人要遵守，贵族不能例外。我们应该说到做到，才能树立法律的威信，也才能树立大王的威信。如果讲私情而不顾法律，那是对国家、对大王都不利的。""对，对。"孝公点点头，回头对太子说："这件事只能依法律办事，不能讲私情啊！"

太子哭泣着，孝公抚慰着他，一面对商鞅说："你下命令吧，立即把祝欢逮捕，解送到咸阳来审判。"

太子大哭起来了。

商鞅带着公文出宫，立即下令捉拿祝欢。那驿站的快马，又在驿道上如飞地前进了。可是当雍县县令带兵捉拿祝欢时，祝欢已经逃跑了。

祝欢逃跑了！商鞅接到县令的报告，很生气。他连忙向全国发出通令，捉拿祝欢。通令中写明祝欢的性别、年龄、身材、面貌特征，命令各县、各乡、各里、各什、各伍检查生疏的居民和过往行人，如果发现祝欢，立即逮捕。如果有人隐藏，与祝欢同罪。通令还规定旅馆、客栈要加强检查旅客的证件，没有证件的不许留宿。

通令通过几条驿道送到三十一县去。大路上快马来往不绝，全国进行了紧张的搜查。

半个月过去了，祝欢没有找到。

他到哪里去了呢？

根据各方面反复调查的线索，商鞅断定祝欢已经逃进了东宫，受到太子的掩护。

怎么办呢？搜查东宫吗？不能！审问太子吗？

不能！让祝欢逍遥法外吗？也不能！

商鞅把有关的证据整理好，亲自送交孝公。孝公大吃一惊，立即找了太子来谈话。

太子一经孝公追问，就哭了。他一面哭，一面断断续续地诉说事情的经过。祝欢是化装逃来咸阳的，本来是想请太子向国君求情。但是太子刚刚求过情，孝公没有答应，太子知道求情无用，只好偷偷地留他住在东宫了。

孝公气得浑身发抖，他说："你不知道隐藏祝欢的人要和祝欢同罪吗？"

太子揩干眼泪，说："我记得孔子说过：'仁者爱人'。祝欢是我们的亲戚，他一直待我很好，现在有难，来向我求救，我能见死不救吗？"

商鞅插嘴说："什么'仁者爱人'！这是骗人的鬼话！太子啊，祝欢打死了两个人啊！打死人的时候，他并不讲'仁者爱人，啊！讲仁义、讲私情，而不讲法律，是错误的根源！"

孝公命令太子："立即把祝欢交出来，否则你自己也要判罪了！"

祝欢交出来了，商鞅经过审判，决定把他斩首并抄家。孝公批准了这一判决，立即执行了。可是商鞅晚上还是睡不着。"法家的原则是依法办事，公平无私。太子犯法，庶民同罪。现在太子隐藏罪犯，却没有依法判罪，这算不上公平无私。"他想着。

这件事很快地传遍了全国，到处引起轰动。除了少数贵族偷偷议论"国君六亲不认"、"公孙鞅残酷无情"以外，街头巷尾、田野山林，到处在赞扬国君和公孙鞅。

"过去贵族打死奴隶，好象打死一条狗，不当一回事。现在公孙鞅杀掉祝欢，处罚太子，这才真叫'公平无私！'"

以后，如果有某个贵族倚仗财势，横行霸道，农民就议论道："仗什么势？太子犯法还要处罚呢！"

太子受罚

令行于民期年，秦民之国都言初令之不便者以千数。于是太子犯法。卫鞅曰："法之不行，自上犯之。"将法太子。太子，君嗣也，不可施刑，刑其傅公子虔，黥其师公孙贾。明日，秦人皆趋令。行之十年，秦民大说，道不拾遗，山无盗贼，家给人足。民勇於公战，怯于私斗，乡邑大治。秦民初言令不便者有来言令便者，卫鞅曰"此皆乱化之民也"，尽迁之於边城。其后民莫敢议令。

于是以鞅为大良造。将兵围魏安邑，降之。居三年，作为筑冀阙宫庭于咸阳，秦自雍徙都之。而令民父子兄弟同室内息者为禁。而集小乡邑聚为县，置令、丞，凡三十一县。为田开阡陌封疆，而赋税平。平斗桶权衡丈尺。行之四年，公子虔复犯约，劓之。居五年，秦人富彊，天子致胙於孝公，诸侯毕贺。

咸阳的城建工作已经到了相当的程度，用不了多长时间，就会完工。现在到动员雍城百姓迁往新都的时候了。他们开始做这方面的具体工作。有鉴于严苛的刑律，工作还是比较顺利的，没有人做出不配合的表示。整个雍城都在一种迁徙的气氛之中。太傅公子虔和太师公孙贾心中对公孙鞅的变法，一直抱有抵触的情

绪：一来他们的利益在变革中受到了冲击，他们当然反对；二来
他们对小小年纪的公孙鞅就在朝廷上颐指气使，也实在看不惯。
可是经过多少次的斗争他们都失败了，他们总是斗不过公孙鞅，
因为公孙鞅得了孝公坚定的支持，再说这几年秦国的国力的确得
到了空前的加强。因此他们在外面也就很少议论改革变法之事，
不过在太子驷面前他们可是没有少说，在潜移默化中，太子驷对
公孙鞅这个人也是一点好感也没有，对公孙鞅的改革变法，自然
也就有很强的抵触情绪，不只过他人微言轻，知道说了也不管什
么用，他也就从不说什么罢了。关于这次迁都的事，太傅公子虔
和太师公孙贾在太子驷面前又说了不少的反对话，什么"都城在
这里是十分理想的选择，我们身处西方腹地，十分安全"；什么
"先祖选择在这里做都城我们怎好轻意改变呀"；什么"公孙鞅就
是想显摆自己，哪里是想着我们大秦国的利益呀"；什么"迁都容
易吗？要耗费多少人力物力呀？谁知道他公孙鞅安的什么心呀"；
什么"这样弄下去，咱们的大秦国还不让他给弄毁了"；什么"现
在君上谁的话也听不进去，就听公孙鞅一个瞎白话，咱们的国家
早晚毁到他的手里"；什么"君上被他迷得什么话也听不进去，谁
知道他有什么妖术呀？咱们的大秦国将来会怎样呀"。反正只要有
机会，他们俩就在太子面前说公孙鞅的坏话，说变法的坏话，说
迁都的坏话。说话间，又是几个月过去了，有的人家已接到搬家
的通知。陆陆续续，已经有人在搬家了。这一天，太子也接到了
搬家的通知，可是太子的耳朵被太师公子虔的话填满了耳朵，被
太傅公孙贾的的话灌满了心田，太子哪里能听得搬家两字呀。当
着来人的面，太子气愤在把搬家的通知给撕碎，摔在来人的脸上，
骂道："滚，滚出去！"太傅公子虔和太师公孙贾听说此事，赶紧

跑过来"劝"说太子驷，公子虔说："太子殿下，您消消气，不要这样，您还是搬吧。虽说他公孙鞅做的不是，可是他是抱着君上的大腿的呀，我们小胳膊拧不过大腿的。""太傅呀，这次我就不搬了，看他能怎样？"太子驷气愤愤地说。"太子呀，您又不是不知道，公孙鞅这个人可是狠角色，你看他对谁心慈手软过呀，对咱们赢家的人，不也是动不动就杀呀磔呀的吗？太子呀，您还是小心点好啊。"太师公子贾说。"我就不信，他还敢把我这个储君怎么样？"太子更加气愤了。"还是小心的好，"太傅公子虔又说道，"现在公孙鞅把君上迷得团团转，当心他在君上那里进谗言说坏话，动摇太子您的地位，那样就不好了。""他敢，他一个外来的人算什么东西？难道也敢管我们家里的事吗？"太子几乎喊了起来。太傅公子虔和太师公孙贾二人看看火候已到，就退了出来。他们知道他们两个人的力量再加上满朝的反对派也是不能把公孙鞅怎么样的。因此他们就挑唆太子驷，让太子驷站出来，反对公孙鞅，太子驷的份量可是够重的，一定会把公孙鞅整倒的，他们倒要看看公孙鞅会怎么样做，才能逃过此劫，他们要看看公孙鞅怎样屈服，怎样摇尾乞怜。他们一直苦心经营，经营了这么十来年，今天终于找着机会，终于要有结果了，他们两个人自然非常地兴奋。他们想，他们马上就可以看一出他们设计好的大戏了，一想到这些，他们就兴奋得想笑，想大笑。从太子驷的府第出来，他们没有回家，而是进了一家酒店，要酒要菜要姑娘，两个人喝了个酩酊大醉才回家。太子驷整天该做什么就做什么，就是没有收拾东西要搬家的意思。太傅公子虔不时过来看看，给太子讲讲书，太师公孙贾也不时过来，给太子讲讲秦国的历史。其实他们二人是生怕太子反悔而收拾东西，准备搬家。看到太子驷的想法十分坚定，他们两人心里自然十分高兴，只是脸上并没有现露出来而已。这天是太子搬家的日子，也就是通知的十一月二十一，公孙鞅大良造大清早派人过来，要计点东西，看看有多少东西要搬运装车，需要多少人力马匹。可是太子驷又把来人给骂了回去，来人将此事向公孙鞅作了汇报。公孙鞅感到了事态的严重性。太子可是秦国的储君，他要是带头不执行命令，那后果是相当严重的，整个迁都工作都可能要停下来，后续的变法工作也就不得不停下来。公孙鞅觉得此事若处理不好，他在秦国的地位也就不保了，更别说什么改革大业了。可是一时，他却不知道此事该怎么处理了。他放下手头所有的工作，专心思索此事，想找出解决的办法。可是越想越是没有个头绪。他的改革思路是加强中央集权，把分散在各处的权力，收归到中央的手里，由国君一人操控，这样，国家的实力就能加强，国家的意志就能很好地得到体现和执行。因为国君想干什么就能干么，其他人都将失去干预的能力和实力。这就是他改革的基本思路。加强君权，是改革、变法的基本精神，可是现在储君来捣乱，他是将来之君，这可怎么办好呀？公孙鞅苦思冥想，不得其计。

下午又有人汇报说，有人借故还没有收拾好东西请求宽期搬家。看来，太子驷不搬家的事情已经传开，已经遭成了坏的社会影响。公孙鞅下令道："自今日起，不再下达搬家的通知，已经下达通知的也不再催促。直到新通知下达为止。"也就是说整个迁都工作，一时陷于了停顿的地步。公孙鞅一连三天都没有出门，把自己关在屋子想办法。他的改革的目标是加强君权，手段是法规。通过制定法规，保障君权的强大和独裁。法规有个基本精神就是法律面前人人平等，谁也不能越过法规行事。保障的是君权，不是储君的权，储君犯罪也该得受到制裁，这样才能有力地保障君权。所谓"刑一人而天下惊恐，当刑之"。看来这句话，今天得用一次了。想到这里，他豁然开朗了。于是他驾车来到秦宫谒见孝公。

孝公在御书房，接见了公孙鞅。"爱卿，所来何事？""唉。"公孙鞅口打唉声欲言又止。"孤还从没有见大良造这样过。自从爱聊到我大秦以来，什么事情难倒过爱卿呀？"孝公有点打趣地说道。"君上呀，是这样的。臣遇到一个难题，实在是不好办哪。""什么难题值得孤的大良造这样为难？说来听听，孤为你做主便是。"孝公用轻松的语气说。"这次是真遇到困难了。咱们迁都计划，进一步变法的计划，恐怕都进行不去了。""什么？什么事这么严重呀？"孝公一下子严肃起来，"公孙爱卿你说，什么事能到这么严重的地步？""太子殿下不往新都搬迁。臣派人去督促太子搬迁，太子却把去的人给骂了回来。""什么？有这等事。"孝公一下子也被镇住了。"是呀，臣几天来一直为这个事着急呢。""怎么办？爱卿你说怎么办？他要是抗住不搬，那我们还怎么做迁都的事情呀？这不是捣乱吗？这个孩子太不懂事了。""君上，太子殿下不搬迁公然抵制命令，这可是犯下大错了呀，是应该受到法规的惩罚的呀。臣还听说，太子经常有诋毁新法的言论。君上，如果不处置太子，对迁都变法都是大大的不利呀。有些人心怀鬼胎的人可是一直在寻找这样的机会，这一次的太子行为可是正中他们这些人的下怀呀。""是呀，孤也常听说太子有诋毁新法的言论，不过孤也没有当回事，他一个孩子。没有想到，这次他做出这么出格的事，他的太子是不想当了。不行话，孤把他的太子废了。""君上，废太子不是您一句话就能办成的事。况且现在正是迁都的时候，这样做会引起朝野的不安，尤其是皇室成员的不安，弄不好就会影响我们的迁都计划。此时废太子不妥。""公孙爱卿你说该怎么办？""臣下倒是想了一个办法"，公孙鞅说，"惩罚太子本人似乎也不太合适，太子是储君，储君也是君。直接处罚太子于颜面也不好看，所以就处罚太子的老师，这样就能起到惩戒太子的效果。同时也能起到震摄那些怀有异心的人，迁都工作会顺利地进行下去。""好，这个办法好。好，爱卿你就去处理好了。""臣告退。"公孙鞅退了出去。下午，公孙鞅下达命令，立即逮捕太傅公子虔和太师公孙贾。逮捕太傅和太师的消息立即震动了朝野，街头巷尾都在议论，整个雍城的大地都在震颤。太子驷听到这个消息后，一时傻在那里，不知道怎么办才好，最后竟嚎啕大哭起来。一个老家仆走过来，说："太子殿下，您哭什么呀？您去找君父啊。"太子驷这才收住泪水，洗漱一番，换上礼服，连夜进宫，要见君父。没成想到了宫门口，却被挡住了，宫门士卫说什么也不让他进门，太子只好灰头土脸地回来了。第二天，太子又早早来宫门口，门口的士卫还是不让进。直到半上午，他才得进门去，有人把他领到御书房，孝公故作惊愕地道："你应该在去往新都的路上了，怎么还在这里呀？"太子脸上一红，扑通跪在地上，说："孩儿知错了。""错在哪里呀？""孩儿不该任性妄为，不听命令而擅自不迁移来着。""汝可知这样做的严重后果？"孝公的脸一沉。"孩儿知错。孩儿愿承担责任。""承担责任？你能承担起这个责任吗？现在迁都工作因为你的原故都已经停顿下来。""孩儿再不敢了。"

　　"知错了还不快走，迟了恐怕君父也救不了你了。""可是，可是，孩儿的二位师傅都被关了起来。"太子说着哭了起来。"都是你做的好事，连累了别人。""君父，孩儿该怎么办？""现在知道哭了！知道害怕了！当时做的时候怎么不知道想一想呢？""君父，孩儿怎么办呀？都是孩儿的错，您惩罚孩儿一个人就行了。""公孙鞅抓他们两个人自有他的道理。""君父呀，您就下道令让大良造放了二位师傅吧。""你说的倒是轻松，公孙鞅是何等样人，他执起法来，可不管你是什么贵族呀皇族呀什么的。只要是你犯了法，休想从他的刀下逃命。孤若是下个命令，他来先斩后奏，有什么用呀？你的二位师傅不是照样人头落地。""哪怎么办呀？君父，您给孩儿出个主意吧。""叫孤说，你赶快去找公孙鞅大良造认错求情，你说就你知错了，你马上就动身迁往新都，一刻也不敢耽误。求大良造大人看在你知错就改的份上，放你的二位傅一马。孤想应该能保住你二位师傅的命，致于受不受什么惩罚，那就不好说了。""谢君父。孩儿这去就向大良造认错、求情。"太子驷告辞出来。

第二天，公孙鞅将太傅公子虔和太师公子贾带上公堂进行审训。二人立而不跪，公孙鞅说："汝二人来到大堂之上，为何立而不跪？"

"我们跪天跪地跪父母跪君主，为何要跪你呀？"

"汝二人知错否？"

"我们有什么错？"太傅公子虔说。

"是呀，我们有什么错呀。有错也别人给我们按的。"太师公孙贾说。

"本座来问你们，你们是怎么调教太子的，太子竟然敢公然违反国家法令，抵制迁都。你们说该怎么处罚呀？"

"我们哪知道呀？这一套不是你掌握着吗？"太傅说。

"我说，你是不是在与我们玩耍呀？太子犯错了，你找太子好了，把我们弄到这里来，做什么呀？算是你的能耐吗？"太师气愤愤地说。

"是呀，不假，这还是真是本座的能耐。太子犯错，怎么给太子加罪呀，太子是君嘛。可是太子犯错，是不是老师调教的不好呢？所以只好把你们两个抓上来治罪了。这不是能耐吗？这有什么不吗？哈哈......"公孙鞅得意笑道。

太傅和太师无言以对。

"公孙虔、公子贾听判："公孙鞅刚说到这里，外面传话进来："太子殿下驾到！"

"接驾！"公孙鞅说，脸上微微露出些许不快之意。

太傅公子虔和太师公孙贾两人的脸上露出笑容来，他们觉得是救星来了。

说话间太子就到了大堂之上，公孙鞅等人跪下迎接太子，公孙鞅说："不知道太子大驾辱临贱地，有失远迎，万望恕罪。"

"是我害了你们，是我害了你们呀。我对不起你们，对不起你们。"太子抱着太傅和太师哭着说。

太傅和太师一定这听，心里凉了半截，看来太子也救不了他们，想来太子已经见过君上了。

太子抱师傅哭了半天，然后站起来，对公孙鞅说："大良造大人，我年轻任性，一时铸下大错，千错万错，都是我一个人的错，万望大人饶过我的两位师傅，他们的年纪都大了。我这就收拾东西，立即赶往新都，执行国家的法令，用实际行动表明我改正错误的决心。"

公孙鞅一听这话，知道太子是来求情的，而且表明马上就收拾行装上路，心中自然十分高兴。于是笑着说道："好说，好说。只要太子您能执行国家的法令，我们这些做臣子的，还有什么话说呢？"

"那好，大良造大人，我就告辞了。"太子说。

"恭送太子殿下。"公孙鞅及众人说。

送走太子驷，太傅和太师的傲慢的态度马上变得谦卑起来。因为他们知道太子驷救不了他们，看来太子驷受到了君上的斥责。想到这里，他们真有些后悔，悔不改他们挑唆太子驷不搬家，现在好了，搬起石头砸到了自己的脚上。

"两位大人，不简单呀，太子亲自来给你们求情来了。"公孙鞅说。

"是太子仁慈。"太傅公子虔说。

"那你是说本座不仁慈了？"公孙鞅说。

"不，不是。"太傅公子虔说，"老臣是说和太子在一起时间长了，有了感情了，太子听说此事，当然来看看了。"

看到公孙鞅咄咄逼人的样子，太师公孙贾没有敢言语。

"这个事怎么办呀？咱们怎么处理呀？"公孙鞅不阴不阳地自言自语地说。

太傅和太师哪里还敢抬头说话，只在那里默默听着。

"怎么办呢？本来是想判个腰斩的。"公孙鞅依然自语说。

二人一听腰斩二字吓后脊梁骨都冒出了冷汗，爬几步上前，道："大人，大良造大人，我们可没有让太子那么干呀，我们都是教育他，让他遵守国家法令，拥护新法，我们可是尽心尽力地为大秦服务着工作着的呀。公孙大人，你就看在我们一把老骨头的份上，饶了我们吧。"

"好吧，饶了你们。"公孙鞅听两个人求饶的话，心里美滋滋的，轻轻地说。

　　听到公孙鞅的这句话，二人心里想，这次可是躲过一劫。

　　"可是这死罪免了，活罪难逃呀。来人，将此二人拖将出去，公子虔劓鼻，公孙贾黥面。让他们永远记住反对新法的下场。立即执行！"

　　太傅公子虔被劓鼻、太师公孙贾被黥面的消息，就像长了腿脚似的，很快雍城的人都知道了，都知道因为太子驷搬迁迟疑，违了大良造的指令，太子的二位师傅公子虔和公孙贾就被大良造处罚了。人们纷纷议论，连太子违时违法都不免受到惩罚，我们一般的人，就更不用说了。因此人人都感到震恐，感觉到大良造公孙鞅的执法的严苛。那些被通知搬迁的现在还迟疑不决的，吓得赶紧就搬走了，生怕被查住，受到惩罚。从此以后，只是一下通知，人们就乖乖搬走，再没有谁找理由推脱的了，迁都工作因此顺利地进行了下去。

机会来了

经过二次改革后，秦国的实力进一步得到加强，秦国军队的战斗力，现在在四海之内可是数一数二的了。当然，公孙鞅知道，秦国的军队的强悍那是没有什么可说的，但是军队能不能打胜仗，还要在看军事指挥员在战场上的军事才能。公孙鞅这次想自己带着军队打一仗，想立下一个大大的战功。可是，去打谁呢？他在领导国内改革工作的同时，始终没有忘记了解天下的形势，了解各个诸侯国都做些什么。可是几年过去了，他一直没有找到合适的出兵机会。其实现在秦国的出兵方向只有两个，一个就向南征楚国，再一个就是向东征魏国，可是魏国是一个强国，无论军事文化经济各方面都是强盛的，是一个不好对付的对手，而且这个国家还有天堑存在，东北方面第一关是洛水，第二关是黄河，东南方面的函谷关，这些均是易守难攻之地。况且秦国要是进攻魏国中原其他的国家一定出手帮魏国，秦国再怎么强也敌不过几个国家的攻打呀。可是公孙鞅的战略方向就在这里，他把秦国迁都到咸阳的目的就是要向东发展。而向东发展，首要的任务就是得把魏国拿下。可是他等了几年，一直没有这样的机会，为此他苦闷极了。

最终于有一天，一个天赐良机来到他的面前。他听到这消息的时候，他乐得差一点蹦起来。

　　其明年，齐败魏兵于马陵，虏其太子申，杀将军庞涓。其明年，卫鞅说孝公曰："秦之与魏，譬若人之有腹心疾，非魏并秦，秦即并魏。何者？魏居领阨之西，都安邑，与秦界河而独擅山东之利。利则西侵秦，病则东收地。今以君之贤圣，国赖以盛。而魏往年大破于齐，诸侯畔之，可因此时伐魏。魏不支秦，必东徙。东徙，秦据河山之固，东乡以制诸侯，此帝王之业也。"孝公以为然，使卫鞅将而伐魏。魏使公子卬将而击之。军既相距，卫鞅遗魏将公子卬书曰："吾始与公子驩，今俱为两国将，不忍相攻，可与公子面相见，盟，乐饮而罢兵，以安秦魏。"魏公子卬以为然。会盟已，饮，而卫鞅伏甲士而袭虏魏公子卬，因攻其军，尽破之以归秦。魏惠王兵数破于齐秦，国内空，日以削，恐，乃使使割河西之地献于秦以和。而魏遂去安邑，徙都大梁。梁惠王曰："寡人恨不用公叔座之言也。"卫鞅既破魏还，秦封之於、商十五邑，号为商君。

魏国大伤

魏国将军庞涓，师从鬼谷子先生，学得一身兵法。魏惠王重其名，用其为将军，起初倒也打过几个胜仗。不过此人好大喜功，嫉贤妒能。他来魏国之前，曾答应他的同窗好友孙膑，若在魏国得势必援引之。他到魏国后即拜为将军，兼军师之职，总领魏国军事。可是，他并没有荐引孙膑的意思，事实上，他是怕孙膑来到魏国与他分权，根本就没有想荐引孙孙膑。

事有凑巧，有一天墨翟先生来鬼谷走访他的好朋友鬼谷子先生，在鬼谷里偶遇孙膑，与之谈论，觉其兵法出众，且与之深相契合，就说："子学业已成，为何不出山博取功名，而久淹山泽之间？"

孙膑说："我的同窗好友庞涓出仕于魏，相约得志之日，必相援引，小生现在正在等待他消息呢。"

墨翟说："庞涓已为魏将，我为你去魏国走一趟，看看庞涓是什么意思。"

于是墨翟就去了魏国，到了魏国他听说庞氏自恃其能，大言不渐，知道他根本就没有荐引孙膑的意思。他就写了名刺，亲自拜见魏惠王，以便荐举孙膑。

墨翟当时已是天下名士，惠王一看墨翟来访，自然降阶相迎。欲留任官职，墨翟推辞说："臣就是个山野之人，做不得官。不过臣向您推荐一人，此人乃天下奇才，臣之才能不及此人之万一。他就是孙武之孙孙膑，今隐于鬼谷之中，大王何不召之？"

于是魏惠王用驷马高车，黄金白璧前去召引。孙膑临下山之时，鬼谷先生付锦囊一个，说："非至急不可开看。"

这样孙膑就到了魏国，谁知庞涓非但不讲同窗之谊，反而怕孙膑分其兵权，生计害他。最后把孙膑刖足，害其成为废人，又赚其写出《孙子兵法》，准备待其写成后，即毙其命。想来老天有眼，庞涓的奸行为孙膑识破，孙膑依鬼谷先生的锦囊妙计，佯装疯病，方保一命。

也是天缘巧合，孙膑命不当绝。

那个时候墨翟在齐国云游，就住在齐国贵族田忌的家里。墨翟的弟子禽滑从魏国到齐国来拜见他的老师，对墨翟说了孙膑在魏国的遭遇。墨翟说："我本是好意，想荐举孙膑，没有想到反而害了他。"就将孙膑的才能及遭遇对田忌说了，田忌又把这件事情对齐威王说了。

齐威王听说孙膑是个军事奇才，就设谋将他其救回了齐国。

魏国攻打赵国，赵国向齐国求救，齐将田忌用孙膑的围魏救赵之计，在桂陵挫败魏军，显示了其卓越军事才能。

庞涓知孙膑才能在其上，有孙膑在，就没有他的出头之日，于是他使用反间之计，使齐国罢了田忌和孙膑的兵权。

庞涓听到孙膑被罢了兵权，喜形于色，说："从此可以横行天下矣！"于是他的野心又极度膨胀起来，又要找些事来做，以展现他的军事才能。

恰好此时，他听到一个消息，赵国邀请韩国共同起兵伐魏，而韩国刚刚用兵灭了郑国，不愿马上再用兵，就许来年共同进兵讨魏。

庞涓将此事说给魏王，并说："现在赵韩还没有合兵，我们大魏国先行伐韩，这样就能破坏他们的阴谋。而且打下韩国，灭之，可以开疆拓土，威震天下，天下谁敢不来朝贺。到那时，我大魏岂不就成天下霸主了吗？"

庞涓一番话说得魏惠王喜笑颜开，于是魏惠王下令：太子申为上将军，庞涓为大将，起倾国之兵，向韩国进发，志在灭韩。

魏国起倾国之兵，又由庞涓做统帅，韩国哪里还有敌手？魏军一路若无人之境，直驱韩都。

韩国朝野惊恐，韩哀侯急遣人到齐国求救。

齐国此时已换新主，是为齐宣王。宣王为太子时，即知田忌孙膑之冤，一上台就让田忌孙膑官复原职。只是此事，刚刚发生，庞涓未知也。

齐宣王大集群臣，商讨本国对待魏韩两国战争的策略。宣王问："众位卿家，魏国攻打韩国，韩国派使者到我帮求救，是救韩国好呢，还是不救韩国好呢？"

相国邹忌走出班列，说道："大王，老臣认为，韩魏相并，两国必皆弱，这对于邻国是好事呀，还是不救的好。"

齐将田忌走出班列，说："相国大人此言差矣。以魏国之强大，必胜韩国而灭之，那么魏国就会更强大，这样下去，我们齐国的祸患就不远了。大王，臣认为还是救韩国有利。"

一时间，两下争吵不休，有的赞成相国的意见，有的赞同田忌的意见。

宣王看看军师孙膑，孙膑却默然而无一语。于是宣王问道："军师为何一言不发，难道救与不救都不是上好的策略吗？孙爱卿难道还有更好的计策吗？"

孙膑回答说："大王说得对，救与不救都不是好计策。大王您想一想，魏国自恃其强，前年伐赵，今年伐韩，他的心里一刻也没有忘过伐我们齐国呀！倘若不救韩国，这是放弃韩国而坐视魏国做大，所以说不救韩国的做法是不对的。魏国才开始伐韩国，韩国尚未疲敝，倘若此时我们去救韩国，那就是我们代替韩国受兵灾，韩国坐享其安，而我齐国受到危害，所以救韩国的做法也是不对的。"

宣王说："那应该怎么办呢？"

孙膑回答说："微臣的计策是，应该答应韩国一定去救他，这样就能安抚韩国的心。韩国知道有齐国的救援，一定会全力来抵抗魏国的进攻，魏国也必然会全力来进攻韩国。我们等魏国疲敝之时，慢慢地引兵过去，进攻疲敝的魏国，而保存危难中的韩国，这样出力少而收到的功劳大。这样做难道不胜过前面所说的二个策略吗？"

齐宣王听了十分高兴，鼓掌称赞道："好，孙爱卿说得太好了！"

于是就答应韩国的使者，说："齐国的救兵马上就会到达。"

果然两国大打出手，战争进行的异常激烈。可是经过几次战役后，韩国就不行了，又派人到齐国来催促救兵。

齐宣王用田忌为大将，孙膑为军师，率车五百乘去救韩国。田忌依然用孙膑的计策，领大兵直走魏都。

庞涓连败韩军，将逼韩都，正在得意之时，忽接得本国警报：

"齐师复犯我境，将军从速班师！"庞涓大惊失色，急忙传令收兵，速回魏国。韩兵也不追赶。

孙膑知庞涓将要到来，对田忌说："三晋之兵平时都很彪悍勇猛，他们都很轻视齐国的军队，认为齐国的军队胆怯。善于打仗的人总是因势利导，《兵法》云：'百里趋利者蹶上将，五十里而趋利者军半至。'我们的军队深入魏国作战，应该诈为软弱来诱骗敌人。"

田忌说："怎么诱骗敌人呀？"

"今天我们做足够十万人吃饭土灶，明天以后每天都减少一半。魏军见到我们的军灶这样快地减少，一定会认为我们的兵是怯战了，都逃跑了，魏军一定会兼程而来。他们的气焰一定很骄横，他们的力量一定很疲敝，我们从中取之。"

田忌听从了孙膑的计策。

再说庞涓兵望西南急行，心中想韩国之兵屡屡失败，正时进行总攻的好时机，攻下韩都，灭了韩国，将是一个不世之功。可是齐人侵扰魏境，毁了他即将到手的功业，心中自是忿忿不平，只想一下将齐人杀尽，以解心头之恨。

等他到魏国的边境，齐兵已经走远了。留下来的安营的遗迹，地面非常广阔，派人数了数留下来的土灶，足够十万人吃，大惊道："齐兵的人数如此之多，不可以轻敌呀！"

第二天，又看到齐军的土灶只够五万人吃了，第三天，土灶只够三万人吃了。庞涓以手加额道："这正是魏王的洪福呀！"

太子申问道："军师还没有看到敌人的形迹，为什么喜形于色呀？"

庞涓说："我本来就知道齐人胆怯，现在进入魏境才三日，士兵逃亡就已过半，齐人哪里还敢拿着武器和我们争胜呀？"

太子申说："齐人的诡计多，军师还小心在意的好。"

庞涓说："田忌这次是自来送死，涓虽不才，愿生擒田忌人等，以雪桂陵战败之耻。"

当即传令：选精锐二万，与太子申分为二队，昼夜前行，步军都留在后，率领慢慢前进。

孙膑时刻派人探听庞涓消息，回报："魏兵已过沙鹿山，不分昼夜，兼程而进。"孙膑屈指计程，知魏兵傍晚一定到达马陵。

马陵道在两山中间，溪谷深隘，可以用来伏兵。道路两旁树木十分稠密，孙膑将一棵绝大的树木留下，其余全部砍倒，胡乱纵横在道路之上，以阻碍魏军的前进。却将那大树向东的树干砍白，用黑煤大书六个字云："庞涓死于此树下！"上面横书四字云："军师孙示。"令部将袁达独孤陈各率五千弓弩手，埋伏左右，吩咐："但看树下火炮起时，一齐发弩。"再令田婴引兵一万，离马陵三里埋伏，只待魏兵已过，便从后截杀。分拨已定，自与田忌引兵远远屯扎，准备接应。

再说庞涓一路打听齐兵过去不远，恨不能一步赶着，只顾催促行军。来到马陵道时，恰好日落西山，这时是十月下旬天气，没有月亮。前军回报："前面有断木阻塞道路，不能前进。"

庞涓怒斥道："这是齐兵怕我们追上他们，故意这样做的。"正要指挥军士搬开树木，开路前进，忽然一抬头看见树上砍白处，隐隐约约有字迹，但是昏黑难辨。命小军取火观之。众军士一齐点起火来。

庞涓于火光之下看得真切，大惊道："我中刖夫之计矣！"急令军士作速退回。话犹未绝，两边一万弓弩手望见火光，一时间万箭齐发，箭如骤雨，军士大乱。庞涓身带重伤，想也不能逃脱，长叹一声，道："我恨不能杀此刖夫，遂成竖子之名！"随即拔出佩剑自割其喉，气绝身亡。军士死于箭下者，不计其数。

当时太子申在后队，听说前军有失，慌忙下令停止前进。不提防田婴率一只军队，从后面杀到，魏兵心胆俱裂，无人敢战，各自四散逃生。太子申势孤力寡，被田婴生擒。田忌和孙膑统大军接应，杀得魏军尸横遍野，轻重军器，尽归于齐。

田婴将太子申献功，袁达独孤陈将庞涓父子尸首献功。孙膑手斩庞涓之头，悬于车上。齐军大胜，奏凯还朝。

其夜太子申惧辱，自刎而死。孙膑叹息不已，大军行至沙鹿山，正逢庞葱步军，孙膑使人挑庞涓之头示之，步军不战而溃。庞葱下车叩头乞命，田忌欲杀之，孙膑说："为恶者只有庞涓一人，其子且无罪，况其侄乎？"就将太子申及庞英二人的尸体，交付庞葱，教他回报魏王："速速上表朝贡，不然，齐兵再至，宗社不保。"庞葱喏喏连声而去。这是周显王二十八的事情。

这就是孙膑减灶灭庞涓的著名战例。马陵之战后，魏军的主力基本上被消灭，魏国的实力大大消弱了，魏国再也不能称雄于世了。一时间天下人都传颂着孙膑的才能，都在议论着马陵之战的得失。

上言征魏

　　可以这样说，魏国的消弱，就使得秦国向东的大门被打开了。这正是公孙鞅盼望已久的事情。这几年公孙鞅谋秦之强，十分成功，为了向东发展，把都城都东迁到了咸阳，可是近几年向东发展的战略计划一直没有什么突破性的进展，就是因为魏国这个强大的敌人挡前前面，公孙鞅毫无办法，一筹莫展。

　　这样我们就不难理解，当公孙鞅听到魏国军队的主力被消灭的时候，他的那股兴奋异常的劲了，就不难理解他乐得差点蹦起来的心理状态了。

　　公元前340年，他觉得他的向东发展的时机来到了他的面前，他的称雄天下的抱负就要实现了，他这十几年来的改革工作没有白做，他要用秦国的强大力量来征服天下，上天给了他这样一个机会，他能不牢牢抓住吗？此时天色已晚，可是却他立即起身向秦宫走去，他要去把这个消息以及自己征伐魏国的计划向孝公做一个详细的汇报，他已经等不及了，他已经等了好长好长的时间了，他再也不想等了，他想要马上建一个不世之奇功，立一个旷世之伟业。

　　他匆匆来到秦宫，本来正下棋的孝公立即将棋盘推开接见公孙鞅。孝公说："公孙爱卿这么晚了，迁来宫中，定有大事要说吧。"

公孙鞅兴奋地说："君上，大好消息，大好消息呀！"

"什么好消息，让一向稳重的公孙爱卿这样兴奋呀？"

"君上，您看看，您看看这个消息。"公孙鞅将写着庞涓被孙膑打死的邸报双手恭敬地递给孝公，虽然他很兴奋，可是他并没有忘记礼数。

孝公拿着邸报扫了一眼，说："这个消息呀，孤上午就看到了。怎么了？"

"君上，这可是大好事呀！"公孙鞅说。

"怎么讲？"

"君上，我们一直谋求向东发展，称雄天下，可是我们一直没有多大进展，为什么呀？还不是因为东面有个强大的魏国吗？这下好了，魏国被孙膑打趴下了，现在魏国的实力大大削弱了，这不正是我们向东发展的绝好机会吗？"

"公孙爱卿说的极好，"听公孙鞅这么一说，孝公的兴奋劲也上来了，说，"说得好，说到孤的心坎上了。"

"君上您想呀，秦魏乃比邻之国，魏国对秦国来说，就好像一个人肚子里的疾病一样，不是魏国兼并秦国，就是秦国兼并魏国，两个国家不能并存的情势是多么明显呀。在历史上秦魏两国也多次发生过战争，不是秦国占了魏国的土地，就是魏国占了秦国的土地，现在西河之地原来不就是秦国的吗？现在魏国被齐国打得大败，诸侯国也都背叛了魏国，乘这个机会讨伐魏国，魏国一定不能支撑下去。魏国不能支撑下去，就一定往东方迁徙。到那时，我大秦据河山之险，东向以制诸侯，这可是帝王的事业呀！"公孙鞅分析得入情入理。

"好，公孙爱卿说得好!"孝公兴奋地说，"孤决定讨伐魏国，以成霸业。公孙鞅听旨。"

"臣在!"公孙鞅上前跪下道。

"孤命令你全权策划此次伐魏事宜，三天后将详细计划交上来。"

"臣遵旨。"公孙鞅听到孝公当即就下达了旨意，心中十分高兴，但是他面容上写着一脸的庄严和凝重，"臣这就回去，连夜做这项计划。臣告退。"说着公孙鞅就退了出去。

孝公看着退出去的公孙鞅，也不知道心里是怎么想，脸上浮现出一种让人难以琢磨的笑容。

公孙鞅回去之后，连夜就起草了讨伐魏国的战争计划，从战争的理由，战略目标，参战人员，兵源的调动，进军路线，粮草的运输，战后事务处理，等等事项，都做了周密的布署和计划。其它方面不说，咱们只说说公孙鞅安排的参战人员：公孙鞅主将，张归副之，共领十万大兵讨伐魏国。公孙鞅两天就把所有的计划工作都完成了，第三天他又认真复查了一遍，觉得没有什么漏洞了，就连夜工工整整地誊抄了一遍，第四天他就拿着计划去向孝公汇报去了。

"既然这样，那公孙爱卿就依此准备吧。"

"是。臣这就去准备。"于是公孙鞅退了出来。

回到府上，公孙鞅的心里很不开心。孝公没有完全同意他的计划，尤其是调整了用人，这让他心里不免生许多想法来。看来孝公对自己独览军权是有戒心的，从调整的用人就能看出来；也怪自己不谨慎，思虑不够周详，怎么能全带自己的人出征呢，这自然会引起君上的疑虑。想到这些，他轻轻地叹了口气。可他转念一想："君权至上，这不是自己改革的中心目的吗？只有这样，国家的力量才能有效地发挥到极至，自己受一点委屈不算什么。再说这又算是什么委屈呀。不算什么的。"

于是公孙鞅定下心来，全力来准备攻打魏国的事宜。到七月份的时候，一切工作都准备好了。只等孝公一声令下，大军就出征了。

活捉公子印

商鞅在魏国的时候，同公子印混得很熟，相处得也不错，于是，他写了一封信，派人送给公子印。他在信中说，当初，我们相处的时候，那是何等快乐啊！如今，竟然率兵在战场上干起来了，这是一件多么不幸的事情啊！想到我们过去的友谊，难道真的要在战场上杀得你死我活吗？我真的不忍心啊！约个时间吧！聚一下，痛痛快快地喝几杯，商量一下，订立一个盟约，然后各自撤兵，两国相安无事吧！

魏军统帅公子印是公孙痤一手培养起来的魏国名将，他与商鞅是曾经的朋友，他觉得商鞅说得有理，同时，他也没有把昔日那个中庶子放在眼里。欣然接受了商鞅"议和"的邀请，带了一小队卫兵，冒冒失失地到秦军大营喝酒来了。

商鞅早就得到报告，魏国统帅公子印将亲自赴会，一番部署之后，亲自出营迎接公子印。

"中庶子！"公子印把马鞭子交给卫士，又立即改口说，"不，大良造，久违了。"

商鞅当然知道，公子印并不是叫错了，而是故意这样叫，大度地说："没错，俺过去就是一个中庶子嘛！"

"现在，你是大良造了。"公子卬大笑道，"俺也是大将军了。"

"多年不见。"商鞅上前拉住公子卬的手说，"今天咱哥俩要开怀畅饮，不醉不归。"

"好!"公子卬附和地说，"不醉不归，不醉不归。"

秦军中军帐内早已摆好了酒席，公子卬进帐之后，略为寒暄，立即开席，划拳行酒令，笑声不绝于耳。

大营外，秦军出动了，以迅雷不及掩耳之势，偷袭了失去统帅的魏军大营。

魏军在毫无准备的情况下，加之又没有指挥官，毫无战斗力，胡乱抵挡一阵之后，糊里糊涂地做了秦军的俘虏。

"大良造!"公子卬略显醉意地问，"哪里传来喊杀声呀?"

"秦军的一些年轻人，吃饱了没事干，自己和自己闹着玩。"商鞅笑着说。

有人在帐外朝商鞅点点头，商鞅站起来，冲着公子卬一抱拳说："大将军慢用，我去去就来。"说罢，起身离座而去。

商鞅刚走出帐外，一群秦军一拥而入，将公子卬团团围住。

"干什么?"公子卬醉眼朦胧地问。

"没什么!"秦军有人说，"你的部下在帐外等你训话呢!"

"他们来干什么?"公子卬站起说，"老子喝了酒就回去，用得着到这里来吗?"

"你还是出去看看吧!"

公子昂出来就傻眼了，因为他的部下都成了秦军的俘虏。

"公孙鞅!"公子卬大骂道，"怎么和老子来阴的，有本事咱真刀真枪地干一场，何必做这种偷鸡摸狗的勾当?"

"得了吧！"一名秦军在后面推了公子卬一把，气冲冲地说，"都做了俘虏了，还神气个啥？"

商鞅活捉了公子卬，派人给魏惠王送信，要他让出河西之地与秦国议和。

魏惠王捶胸顿足地说："我好恨啊！当初没有采纳公叔痤的意见！"

魏惠王这里说的没有采纳公叔痤之言，到底是重用商鞅呢？还是杀掉商鞅，不管他指的是哪一条，反正，只要采纳了其中任何一条，就没有今天的事了。

可惜，世上没有后悔药。

商鞅活捉公子卬后，率秦军一鼓作气，攻占了魏国都城安邑（今山西夏县西北），魏国只好迁都大梁（今河南开封），秦国收回了被魏国占领的河西之地。

商鞅打败魏军，凯旋归来之后，秦孝公封给商鞅商、于十五个邑，封商鞅为商君。后人因之而称公孙鞅为商鞅。

可笑的是，在后世儒人笔下，商鞅因为这件事，成了欺骗朋友的小人，一个小小的中庶子，竟然和堂堂王室贵胄结成了朋友。

司马迁在评价这次战斗时，对商鞅也是不屑：商君，其天资刻薄人也，迹其欲干孝公以帝王术，挟持浮说，其非质矣。且所因由嬖臣，及得用，刑公子虔，欺魏将卬，不师赵良之言，亦足发明商君之少恩矣。余尝读商君开塞耕战书，与其人行事相类。卒受恶名于秦，有以也夫！不管怎么说，经此一战，秦国打出了名头，连强大的魏国都不是秦国的对手，诸侯国对秦国真要另眼相看了。见机行事的周天子，也及时地派人送来祭肉封秦孝公为"方伯"，中原各国也纷纷前来祝贺。

历史记载如下：

秦商君伐我，虏我公子卬——《六国年表》

秦、赵、齐共伐我，秦将商君诈我将军公子卬而袭夺其军，破之。秦用商君，东地至河，而齐、赵数破我，安邑近秦，于是徙治大梁。以公子赫为太子。——《魏世家》

秦孝公使商君伐魏，虏其将公子卬。赵伐魏。——《赵世家》

公孙鞅之于秦，非父兄也，非有故也，以能用也。欲埋之责，非攻无以。于是为秦将而攻魏。魏使公子卬将而当之。公孙鞅之居魏也，固善公子卬。使人谓公子卬曰："凡所为游而欲贵者，以公子之故也。今秦令鞅将，魏令公子当之，岂且忍相与战哉？公子言之公子之主，鞅请亦言之主，而皆罢军。"于是将归矣，使人谓公子曰："归未有时相见，愿与公子坐而相去别也。"公子曰："诺。"魏吏争之曰："不可。"公子不听，遂相与坐。公孙鞅因伏卒与车骑以取公子卬。——《吕氏春秋》

其明年，齐败魏兵于马陵，虏其太子申，杀将军庞涓。其明年，卫鞅说孝公曰："秦之与魏，譬若人之有腹心疾，非魏并秦，秦即并魏。何者？魏居领阨之西，都安邑，与秦界河而独擅山东之利。利则西侵秦，病则东收地。今以君之贤圣，国赖以盛。而魏往年大破于齐，诸侯畔之，可因此时伐魏。魏不支秦，必东徙。东徙，秦据河山之固，东乡以制诸侯，此帝王之业也。"孝公以为然，使卫鞅将而伐魏。魏使公子卬将而击之。军既相距，卫鞅遗魏将公子卬书曰："吾始与公子驩，今俱为两国将，不忍相攻，可与公子面相见，盟，乐饮而罢兵，以安秦、魏。"魏公子卬以为然。会盟已，饮，而卫鞅伏甲士而袭虏魏公子卬，因攻其军，尽破之以归秦。魏惠王兵数破于齐、秦，国内空，日以削，恐，乃使使割河西之地献于秦以和。而魏遂去安邑，徙都大梁。梁惠王曰："寡人恨不用公叔痤之言也。"卫鞅既破魏还卫鞅击魏，虏魏公子昂。

封鞅为列侯，号商君。——《秦本纪》

秦封卫鞅于邬,改名曰商——《竹书纪年》

秦封卫鞅于商,南侵楚——《楚世家》

获楚、魏之师，举地千里，至今治强——《谏逐客令》

商鞅变法，使秦国走上了富国强兵之路，他的成功并不是偶然现象。

在战国时期，封建地主制代替领主制是历史发展的趋势，改变不适合生产力向前发展的生产关系和上层建筑，也是一场革命。作为新兴地主阶级代表人物的商鞅，以其清醒的头脑认识到时代的要求、客观需要。他审时度势，所设计的改革方案，正合适潮流，顺乎民心。因而能对历史的进程起到加速的作用。

时势造英雄，这就是商鞅变法成功的原因。

秦孝公把商于封给商君有两个目的。

（一）酬劳商君的功劳

这个是本来的目的，但也是告诉商君，你在秦国有家了，你就在秦国养老送终不要到别的国家去了。这块地方当时是航运繁华地，想必当时也不会太穷。商君无忧的养老肯定是够了。而且商於地区山青水秀，风光明媚，是个著书立说的好地方。汉代大儒商山四皓就隐居在此地区。对于退隐后想著书立说教学生的商

君来说也是个不错的

据记载，商鞅邑城，建立的时间比咸阳还早一年。叫做商邑。封商君的时候商邑已经存在很多年了。

（二）困住商君的天然地区

通过实地地理环境观察，古代秦国境内的商于地区是商鞅不可能通过耕战来成为威胁秦国关中地区腹心的新强大国家的一块地方。而且这里和当时的楚国、韩国、魏国相邻几乎四面环山。如果加上秦国可以说是一个四战之地。除此以外，这里还有另一个好处，就是把武关把住，商於古道通往蓝田进入关中的路守住，商君基本上就等于困死在这里了。其政治影响力根本不可能波及关中。关中的老百姓，根本就没有可能了解商君的真实情况。商君要逃也只能通过山中小道进入巴蜀两国。通过巴蜀再进入中原也是非常困难的。我个人认为利用这块封地困住商君是秦孝公封商君于商于的第二个不可告人的目的。

事实上根据《史记》的记载，这个困地在商君之死上，起了很大的作用。武关就在丹凤县境内，居离商鞅邑城不过30公里，商君却没有选择从这里出关，这不是很奇怪的一件事吗？

据《吕氏春秋》记载，商君从咸阳退隐后曾经携带母亲和家人进入魏国被魏国拒绝.但没有说挡住商君进入魏国的那个关究竟是那一个关。

本人大胆猜测秦国在武关相邻的应该是楚国。商君在这里出关应该是遭到了秦国武关守军的拒绝。秦国武关守军应该是平常私下早就接受了秦孝公，或者嬴驷的秘密命令，不得放商君从此地出关，所以，商君才不选择从武关出关到楚国。所谓商君逃魏被魏国拒绝，真相可能是秦军武关驻军拒绝了商君携带家人出关。

但这个理由给秦国人民不好解释，改成了魏国拒绝商君入境。

　　当地又有一种传说，说商君从武关出关被拒绝后，回到封地率领一部分封邑兵从丹凤县老君峪抄小路经洛南县重重大山走小道直接到达华县，回避了嬴驷从蓝田派来的大军的追捕。经过本人用谷歌地理地图的搜索判定这条路是可行的。

　　但是如果商君有这一次行动，商君想方设法离开商鞅邑的目的是什么？是想经过函谷关进入魏国，还是想离开商于困死自己的地方进入秦国关中地区想面见嬴驷给自己声辩冤屈的机会？

　　商君相秦十年，宗室贵戚多怨望者。赵良见商君。商君曰："鞅之得见也，从孟兰皋，今鞅请得交，可乎？"赵良曰："仆弗敢愿也。孔丘有言曰：'推贤而戴者进，聚不肖而王者退。'仆不肖，故不敢受命。仆闻之曰：'非其位而居之曰贪位，非其名而有之曰贪名。'仆听君之义，则恐仆贪位贪名也。故不敢闻命。"商君曰："子不说吾治秦与？"赵良曰："反听之谓聪，内视之谓明，自胜之谓彊。虞舜有言曰：'自卑也尚矣。'君不若道虞舜之道，无为问仆矣。"商君曰："始秦戎翟之教，父子无别，同室而居。今我更制其教，而为其男女之别，大筑冀阙，营如鲁卫矣。子观我治秦也，孰与五羖大夫贤？"赵良曰："千羊之皮，不如一狐之掖；千人之诺诺，不如一士之谔谔。武王谔谔以昌，殷纣墨墨以亡。君若不非武王乎，则仆请终日正言而无诛，可乎？"商君曰："语有之矣，貌言华也，至言实也，苦言药也，甘言疾也。夫子果肯终日正言，鞅之药也。鞅将事子，子又何辞焉！"赵良曰："夫五羖大夫，荆之鄙人也。闻秦缪公之贤而愿望见，行而无资，自粥于秦客，被褐食牛。期年，缪公知之，举之牛口之下，而加之百姓之上，秦国莫敢望焉。相秦六七年，而东伐郑，三置晋国之君，一救荆国之祸。发教封内，而巴人致贡；施德诸侯，而八戎来服。由余闻之，款关请见。五羖大夫之相秦也，劳不坐乘，暑不张盖，行于国中，不从车乘，不操干戈，功名藏于府库，德行施于后世。五羖大夫死，秦国男女流涕，童子不歌谣，舂者不相杵。此五羖大夫之德也。今君之见秦王也，因嬖人景监以为主，非所以为名也。相秦不以百姓为事，而大筑冀阙，非所以为功也。刑黥太子之师傅，残伤民以骏刑，是积怨畜祸也。教之化民也深于命，民之效上也捷于令。今君又左建外易，非所以为教也。君又南面而称寡人，日绳秦之贵公子。诗曰：'相鼠有体，人而无礼，人而无礼，何不遄死。'以诗观之，非所以为寿也。公子虔杜门不出已八年矣，君又杀祝懽而黥公孙贾。诗曰：'得人者兴，失人者崩。'此数事者，非所以得人也。君之出也，后车十数，从车载甲，多力而骈胁者为骖乘，持矛而操闟戟者旁车而趋。此一物不具，君固不出。书曰：'恃德者昌，恃力者亡。'君之危若朝露，尚将欲延年益寿乎？则何不归十五都，灌园于鄙，劝秦王显岩穴之士，养老存孤，敬父兄，序有功，尊有德，可以少安。君尚将贪商于之富，宠秦国之教，畜百姓之怨，秦王一旦捐宾客而不立朝，秦国之所以收君者，岂其微哉？亡可翘足而待。"商君弗从。

赵良相劝

商鞅变法成功，可以说达到了人生追求的顶峰，但不久他却遇到麻烦，大祸临头了。因为他在变法的同时，也给自己制造了不少的敌人。

有一个名叫赵良的贤人去见商鞅，给商鞅上了一课。

商鞅见到赵良，热情地说：“由于孟兰皋的介绍，能见到你，我很高兴，我们交个朋友，可以吗？”

“我没有和你做朋友的奢望。”赵良很不给商鞅面子。

“为什么哟？”商鞅大吃一惊。

“孔子说：‘推荐贤能，受到人民拥戴的人才会前来;聚集不肖之徒，即使能使成王业的人也会引退。’有一种说法：不该占有的职位而占有，那叫做贪位；不该享有的名声而享有，那叫做贪名。”赵良毫不客气地说，“我如果接受了你的情谊，那就是贪位又贪名了。我可不敢这样做。”

“你不高兴我对秦国的治理吗？”

“你把秦国搞得一团糟，简直是糟透了。”赵良说，“我能高兴吗？”

商鞅并没有发怒，而是分辩说：“当初，秦国的习俗和戎狄一样，父子不分开，男女老少同居一室。如今，我改变了秦国的教化，使他们男女有别，分室而居，大造宫廷城阙，把秦国营建得像鲁国、魏国一样，你看我治理秦国，不比秦穆公时的五羖大夫百里奚差吧?"

"一千张羊皮，抵不上一领狐皮贵重；一千个人附和，比不上一个人仗义执言。武王允许大臣们直言谏诤，国家就昌盛，纣王不让大臣们说话，国家就灭亡。"赵良反问道，"你如果不反对武王的做法，请允许我整天直言而不受到责备，你做得到吗?"

"说好听的话如同花朵，说诚实的话如同果实。良言逆耳利于行，良药苦口利于病。阿谀奉承，献媚讨好的话，如同毒药。"商鞅真诚地说，"你如果肯仗义执言，那就是我治病的良药。我想拜你为师，你为何又拒绝和我交朋友呢?"

"五羖大夫百里奚为相六七年，向东讨伐郑国，三次拥立晋国的国君，一次出兵救楚。在境内施行德化。他当相国的时候，累了不坐车，酷暑炎热不打伞，他的足迹踏遍了秦国第一个角落，出门不带随从侍卫，不用车辆，他的功绩永载史册。五羖大夫死了，秦国不论男女老少，都是痛哭流涕，就连小孩也不唱歌谣。这就是他的德行啊!"赵良反问道，"你见秦王，靠的是秦王宠臣景监推荐介绍，并不是什么好名声。身为秦国相国，不为百姓造福，却大规模营建宫阙，这说不上为国家建立功业。你惩治太子的老师，用严刑酷法残害百姓，这是积累怨恨，聚积祸患啊!"

商鞅两眼紧盯着赵良，没有出声。

"你在商于封地南面称君，天天用新法来逼迫秦国的贵族子弟。《诗经》上说：'相鼠还懂得礼貌，人反而没有礼仪。人既然失去了礼仪，为什么不快快地死呢!'赵良看着商鞅说，"照这句话的意思，实在不能恭维你啊！公子虔闭门不出已经八年了，你又杀死了祝欢，还惩处了公孙贾。这些事做得很不得人心啊！”

“那是他们罪有应得。”商鞅终于还是说话了。

“你一出门，身后就跟着数以十计的车辆，一大群侍卫全副武装，少了哪一样，你就不敢出门。你的处境就像早晨的露水，很快就会消亡，你还打算能活得长久吗？你为什么不把商于十五邑封地还给秦国，自己到一个没有人烟的地方去自耕自食，劝秦王重用贤人。只有这样，你才能保持平安。你还要贪图富贵，独揽荣宠，秦国人恨死你了。”赵良凶狠地说，“孝公一旦舍弃宾客不能当朝，你的末日也就到了！”

对于赵良的警告，商鞅并不理睬，不管有多大危险，他还是决心将改革进行到底。继续推进变法事业

继续改革

　　自从赵良走后，商鞅内心波澜不惊，久久不能平静。他无法压抑他内心的挣扎与恐惧。他彻夜未眠，桌上放着几卷《吴起兵法》。

　　他不禁对吴起的遭遇感慨了起来。吴起乃何方神圣？吴起是孔子的再传弟子。先后求学于儒家的思孟学派（以治学修身见长）和西河学派（以治学治国见长）。是战国时期著名的政治家、改革家、军事家。吴起既是兵家代表人物，又是儒家学者，亦是法家先驱。汉族，东周战国时期卫国左氏（今山东菏泽市曹县东北一带，今河南鹤壁一带，今山东菏泽市定陶县）人，一生历仕鲁、魏、楚三国，在内政、军事上都有极高的成就，仕鲁时曾击退齐国的入侵；仕魏时屡次破秦，尽得秦国河西之地，成就魏文侯的霸业；仕楚时主持改革，史称"吴起变法"，前381年，楚悼王去世，楚国贵族趁机发动兵变攻杀吴起。后世把他和孙武并称为"孙吴"，《吴子》与《孙子》又合称《孙吴兵法》，在中国古代军事典籍中占有重要地位。吴起创立了中国第一支职业军队，是中国历史上一生无败绩的名将之一，是中华名将之一。吴起最终被五马分尸。"难道我会复制吴起？历史的悲剧会重演？"

第二天，他想起来尸佼，他将这几天心理所思以及赵良所忧像尸佼说了。我与赵良并无交情，但此人所忧正是我担心的。我害怕会复制吴起的经历。自商鞅实施变法以来，得罪了众多贵族，他们对商鞅虎视眈眈，一直在寻找机会，只是无从下手而已。商鞅的担心并不毫无道理，危险是确实存在的，如果秦孝公去世，商鞅的结。

商鞅说："我实行变法以来，和贵族结的仇怨还少吗？我只问事情对不对，从来不考虑自己的安危。可是，他们企图恢复旧制度，那是决不能容许的，我们应该好好对付。"怎样对付呢？由于阶级的局限性，他们只能相信国君，不可能相信人民群众的力量，所以讨论来，讨论去，想不出一个牢靠的好办法。他们只是希望太子认识变法对国君的好处，对秦国的好处，将来他做国王时，能坚持贯彻变法的精神。如果这样，贵族要捣乱，也就不难镇压下去了。

太子曾经年少无知，受老师误导，犯过法，商鞅对此也惩罚过他，他难道不会记仇吗？毕竟是一个孩童，思考问题的经验还是不够的。尸佼说："秦孝公今年四十五岁，正当壮士之年。我们现在考虑秦孝公驾崩，是否过于杞人忧天？"商鞅觉得此话颇有道理，心中忧虑顿时烟消云散。不过商鞅经历了这次心理斗争后，更加接近太子，并且经常向孝公灌输教育太子的思想。使太子知道变革的好处和重要性。让太子看到变法后秦国是如何富强的。这时，有人送来好几卷公文请商鞅批阅。商鞅心里的疙瘩解开了，劲头又大起来了，连忙展开公文批阅起来。

孝公驾崩

　　时间很快地过去了五个月，商鞅的兵法已经写到第二十七篇。眼前秋收在望，商鞅忙着指挥各县县官准备征收土地税，贮藏粮食、布帛，防止破坏捣乱，一连几天没有很好休息。他全力以赴地继续推进变法事业。

　　忽然，宫里的一个宦官来了，传达国君的命令，叫商鞅立即进宫。这时候商鞅才知道，孝公生了急病，已经卧床两天了。

　　孝公把商鞅叫到床前，拉着他一只手道："商君啊，从你到秦国的一天起，你就忠心耿耿地为秦国效力。秦国今天富强了，你的功劳可不小啊！"

　　商鞅连声说："小臣无功，无功。"孝公忍住心头剧烈的疼痛，皱着眉头，断断续续地说："商君啊……我这病来势很猛，不知道能不能治好。……假如治不好，国家……大事……谁来管呢？你知道，我的孩子只有十九岁……"

　　孝公说到这里，眼圈红了，喉头有点颤抖："这孩子不懂事，他对……变法……不大满意。我想，……你的功劳……很大，威信很高……我愿把王位让给你……"

　　商鞅跪在床前听着。听到"让位"的话，他热泪满面，抢着说：“大王，这不行，不行。大王只有四十五岁，一时有点小病，很快就会好，何必就谈身后的事呢？”

这时候，好几个贵族冲了进来。孝公虽然有病，精神还好。他两眼圆睁，斥责几个贵族道：“谁叫你们进来的？快出去！”

这几个贵族听说孝公生急病，早就和太子合谋，要控制宫中的警卫了。他们见商鞅进了孝公的寝宫，连忙跟着进来监视。现在受到孝公斥责，不敢不走，但是慢吞吞地，故意拖延着。

正在这时，太子拨开门帘进来了。

太子在孝公床前跪了一跪，立即站起来，从腰间抽出宝剑，板着面孔高喊道：“大王病重，不能多说话。所有探病的人，一律回去。以后要问大王病情，可到宫门问谒者（谒者是替国王做传达工作的）。非奉召命，任何人不许到寝宫来。如有违抗，立即斩首！”

太子刚说完，几个贵族马上快步走了出去。

商鞅站起身来，满怀感激地注视着孝公，孝公也呆呆地望着他。商鞅含着泪说：“愿大王早日康复。”

孝公点点头，他的声音哽住了。

商鞅跟着几个贵族，从寝宫走出来。门口站着四个卫士，他们手执亮晃晃的刀斧，横眉怒目，盯着出来的人。从这里走出王宫正门，一路上都有全副武装的卫士站岗，每一个都是杀气腾腾，如临大敌的样子。

三日后，秦都咸阳隆重发丧，向国人宣告了国君不幸逝世的噩耗。

咸阳城顿时陷入无边的悲伤呜咽。四门箭楼插满了白旗，垂下了巨大的白幡。面向孝公陵园的北门悬挂起几乎要掩盖半个城墙的白布横幅——痛哉秦公千古高风。

出丧那日，国人民众无不身穿麻衣头裹孝布，在通向北阪的大道两边夹道祭奠。痛哭之声，响彻山野。秦人对这位给了他们富庶荣耀尊严强盛的国君，有着神圣的崇敬。无论妇孺老小，几乎人人都能讲出国君勤政爱民宵衣旰食的几个故事，对国君的盛年早逝，秦人有着发自内心的悲痛。没有人发动，没有人号令，秦人也素来不太懂得繁冗的礼仪，他们只以自己特有的质朴敦厚送行着他们的国君。大道两旁，排列着各县民众自发抬来的各种祭品，牛头羊头猪头，都用红布扎束着整齐地摆在道边石板上。面人、面兽、面饼、干果、干肉，连绵不断。咸阳北门到陵园的十多里官道上，祭品摆成了一道长河。每隔一段，就有老人们圈坐草席上，手持陶埙、竹篪、木梆、瓦片，吹奏着悲情激越的《秦风》殇乐，令人不忍卒听……这一切，倒是应了孔子对葬礼的一句感慨："与其哀不足而礼有余也，不若礼不足而哀有余也。"

《战国策·秦策·卫鞅亡魏入秦》记载了一个令人感伤的信息："孝公行之八年，疾且不起，欲传商君，辞不受。"秦孝公在临终前一度打算传位给商鞅，但商鞅当然不肯接受了。刘备在白帝城托孤诸葛亮是转载，秦孝公这个才是原创。这对功臣的感情之深，丝毫不亚于刘备与孔明。当然，人们对此看法各异。更多人认为这是一种权谋试探。甚至有人认为，秦孝公就是用这个办法暗示秦惠王杀商鞅。也许，我们习惯了用复杂的眼光看世界，少了些先秦人纯粹的本色。是否试探，我也不敢一口咬定是或者不是。但暗示儿子杀功臣，这个太说笑了。

秦孝公传位商鞅是真诚的。秦孝公发《求贤令》时说过要与功臣"尊官分土"的。他做到了。商鞅被封为商君（最高爵位），得到於、商十五邑。秦孝公最忌讳的不是功臣，而是杀功臣。朴实的秦人做了《秦风·黄鸟》，委婉地批评秦穆公殉葬功臣。秦孝公深以为鉴，唯恐秦国再陷入穆公之后的混乱，又怎么会去杀功臣呢？况且，秦孝公是个极有主见的人。他有驾驭顶尖人才的自信，所以他始终信任商鞅，不为任何非议所动摇。魏文侯求贤若渴，还留下了猜忌名将乐羊的污点。秦孝公和楚悼王一样，没有留下任何猜忌变法大臣的不良记录。这就足以说明问题。像商鞅这样不给自己留后路的强硬分子，真心不讨人喜欢，很难交到朋友。这么显而易见的道理，你能想到的，秦孝公自然也能想到。试问：天下间除了他秦孝公，谁还能用商鞅？谁还敢用商鞅？谁还能让完美主义者商鞅愿意效劳？秦孝公明白这点，所以他用不着忌惮商鞅。商鞅也明白这点，自己无论去哪里，都再也遇不到孝公这样的完美领导了。青山不在，松柏何存？

　　变法之臣的生命想要保全，除非变法之君比他们死得晚。可惜，秦孝公才四十五就没了，比他更老的魏惠王却能继续在孟夫子面前假装敬贤。没办法，老天就是这么安排的。秦孝公临终前最怕两点：一是老对手魏惠王和新即位的楚威王趁机找秦国麻烦（秦惠王上台的年纪还不满二十），二是有犯法前科的秦惠王可能在他死后搞复辟。所以，他想让商鞅盯着。当然，他传位的真实意图应该是——让商鞅当摄政王，效法伊尹、周公辅佐幼王的先例，等幼王长到了再还政。我之前讲过，这个年代已经没法玩禅让制了。变法君臣组合，多年的知己战友，虽非刎颈之交，命，却是连在一起的。正如楚悼王死后，吴起马上就中箭；秦孝公死后，商鞅也很快被车裂。一个走了，另一个的人生也再无意义。

　　后五月而秦孝公卒，太子立。公子虔之徒告商君欲反，发吏捕商君。商君亡至关下，欲舍客舍。客人不知其是商君也，曰："商君之法，舍人无验者坐之。"商君喟然叹曰："嗟乎，为法之敝一至此哉！"去之魏。魏人怨其欺公子卬而破魏师，弗受。商君欲之他国。魏人曰："商君，秦之贼。秦彊而贼入魏，弗归，不可。"遂内秦。商君既复入秦，走商邑，与其徒属发邑兵北出击郑。秦发兵攻商君，杀之于郑黾池。秦惠王车裂商君以徇，曰："莫如商鞅反者！"遂灭商君之家。

公元前 338 年，秦孝公驾崩后，贵族纷纷出来活动。他们怂恿魏惠王："秦国只认商君之法，确不认大王之法，秦国上下妇孺皆知商鞅，确不知大王，大王江山社稷十分危险啊。"

公子虔闭关八年，卧薪尝胆，机会终于到了，他曾经作为太子的老师，对太子说："商鞅变法，独断专行，曾经惩罚太子，根本没有把您放在眼里了，有朝一日，必定谋朝篡位。"

魏惠王乳臭未干，对商鞅本来就充满了敌意，这次又有人说商鞅有谋反之心，必定不会轻易原谅商鞅。他派人去捉商鞅。

自从秦孝公死后，商鞅一直忧心忡忡，他害怕赵良的话会印证，他害怕吴起的历史会在他的身上重演。他身怀一丝希望，希望秦惠王会念他智力秦国有功，放他一马。

商鞅慌忙带了家属和几个随从，赶着两辆马车从咸阳出南门，度过渭河，向东逃去。马车如飞地急驶着。商鞅在危急之中，心里也有点慌乱。可是，他还是忍不住要揭开窗帘的一角，观察一下路旁的景色。

这条大路，商鞅走过不只一次了。过去沿路有很多荆棘丛生的荒地，现在几乎没有了。过去有长长的围墙似的封疆，现在也没有了。路旁的田地里，农民在辛勤地收割，看样子年成很不错。

好几个村庄里有新建成的瓦房，想必是新兴地主的住宅。那边一条河中间筑起了拦水坝，河边有灌溉用的渠道。一辆牛车，满装着新的铁农具迎面驶过。远处广场上，有一队士兵操练着，他们的武器，在阳光下闪闪发光。商鞅看着秦国富强发展的，对秦国还是充满了一定的感情的。

　　夜色已晚，商鞅打算找一间客栈休息。"请您拿一下证件，这是商君给秦国的规定，没有证件我让您留宿是要受到惩罚的。"商鞅一言不发，退了出来，吩咐说："把行李再装上车，赶夜路吧。"

　　"我规定住旅馆要证件，原是为了秦国的利益；可是，权力被顽固保守的贵族夺去，却用这个规定来对付我！"商鞅坐在马车上，愤慨地思索着。难道我变法最终要死于法？

　　逮捕商鞅的消息传来后，在走投无路之际，商鞅想到魏国，也许魏国还可以收留他。于是，带着他的母亲以及所有的家属，

　　连夜出奔，跑到那里。没想邺的守令襄疵拒绝收容，说："以君之反公子卬而破魏师也。"商鞅想投奔他国，魏人说："商鞅，秦之贼。秦强而贼入魏，弗归，不可。"于是，欲将商鞅送回秦国。

　　商鞅只好逃回自己的封邑，动员邑内的徒属，发兵出击郑。在攻打郑时，秦兵从后面追至，攻破商鞅的徒属，商鞅又往西南逃窜，希望再退回商邑。没想刚到彤地，就被秦兵生擒，带回咸阳来。

寒风如刀

　　监斩官不敢直视那仅有六尺之高的木台，那里将沾满血腥与神圣。昔日辉煌于天穹的名士竟将以此种方式结束自己的生命。"星将欹倾，天亦悲乎！"监斩官喃喃地念着。此时，他冷汗涔涔，他从没有如此惧怕杀人，即使他是靠此吃饭的。在过去，凡是出现在这里的人，白刀子起，红刀子落，一片血泊。他何时畏惧过？现在却惜惧一个手无缚鸡之力的人？思虑间，足音跫然，一队甲士匆匆列队。拥出一辆又一辆青铜轺车，有二人缓缓下车。一人白发苍苍，精神矍铄。一人黑服玉带，铣铜罩鼻。众吏员将军恭敬地上前施礼，"见过老太师。""见过长公子。"待刚坐定，甘龙向嬴虔使了个眼色，"午时已到。"嬴虔微微顿首示意。甘龙心中慧黠一笑，寒风中亮起了令箭："押进人犯！"甘龙苍老的声音萦绕在渭水草滩。

　　人群开始骚动。

　　又一辆青铜轺车驶进了刑场。这一辆没有世族元老的华贵，人们依旧记得很清晰，这是商君的专用轺车，商君还是黑冠白袍，还是镇定自若。那两排黑黝黝的甲士竟不知自己是不是押解"囚犯"而来，只是充当普通护卫而已。远处白茫茫的人群突然似於菟咆哮一般，气吞山河，挥斥方遒。高呼："商君万岁，秦法万岁！"

声浪一波比一波高，甘龙愀然作色，他从来没有如此恐惧惊慌。声浪像一头巨龙，在它面前愤怒地嘶鸣咆哮。他拍案而起："如此做法，礼法何存？杜挚，教人驱赶平民！"

杜挚欲言又止，他看到了一束冰冷的眼神。

"是老太师主张观刑，警示凶顽，怎么，又害怕了？"老甘龙沉默不语。

"将人犯押上刑台！"杜挚大声吼叫。

商鞅缓缓下车，却从容登台，悠闲地坐了下来。

"宣国君书！"甘龙嘶声吼叫。

杜挚捧起一卷竹简高声念道："逆臣卫鞅，图谋不轨，聚众谋反，欺君罔上，擅杀大臣。凡此种种，罪恶昭彰，为昭国法，为泄民愤，朝会公议，将卫鞅处车裂大刑！"

甘龙颤巍巍起身："卫鞅，遭此极刑，乃天道恢恢，你，还有何话说？"

商鞅笑了："甘龙，商鞅虽死犹生，尔等却虽生犹死。"

甘龙脸色发青，却无语驳回，只好对杜挚说"杜挚，许民活祭。"

杜挚高声宣布："传令场外，凡有活祭商鞅者入场。"

商于郡守樗里疾和十三位县令领着白茫茫的人群抬着祭品，捧着祭文，默默走到刑台前跪成一圈，大声诵读：

> 商君商君，生死天人。
> 英魂不灭，佑我万民。

中外巨人传

商君商君，三生为神。

万古不朽，丰碑我心。

　　然而紧接着出场的更令他们震惊。上大夫景监、国尉车英率
领各自府邸与商君府原有吏员三百余人，麻衣白孝，抬着一幅白
绫包裹的大刻木和祭品祭酒走进了刑场。摆好祭品，洒酒祭奠，
国尉车英拉开白绫，刻木铜字赫然在目——万古法圣！

　　须发灰白的上大夫景监捧起了一卷竹简，高声宣读祭文——

　　呜呼！哭我商君，万古强臣。昭昭大德，磐磐大才。维新法
制，强国富民。奖励耕战，怠惰无存。郡县统制，国权归一。度
量一统，工商无欺。刑上大夫，礼下庶人。唯法是从，极身无虑。
移风易俗，文明开塞。收复河西，雪我国耻。立制立言，千秋可
依。煌煌法圣，青史永垂。呜呼哀哉！商君蒙冤，天地混沌。哭
我商君，何堪我心？呜呼哀哉，人神共愤，山河同悲！

　　远处似乎来了一个人，又似乎没有，又好像忽隐忽现，到了
商君前面才看清。

　　来人是个中年人，提了个篮子。

　　不用说也知道，来为商君送行的。

　　监斩官做了个手势示意他快些。

　　在商鞅跟前，来人把篮子放下，然后恭恭敬敬地对商鞅深施
一礼。"栎阳令王轼，为商君送行。"来人哽咽着，说不下去了。
他弯下身，端起一碗酒，递到商君嘴边。

　　商鞅心头一热，他咕咚咕咚地大口喝下酒。

　　"烈酒醇厚，定是秦酒，鞅此生足矣！"

　　来人已泣不成声。

监斩官不敢再耽搁时间，随着杜挚一声令下，给商鞅套上了刑具。

　　商鞅仰望长天。

　　天上，除了灰色。什么都没有，没有太阳，没有云彩，也没有风。

　　商鞅环顾四周。四周，是黑压压的人群，人群，人群。

　　"千年之后，秦人当思我！"商鞅说出了他在人世的最后一句话。

　　然后，行刑人员为他套上刑具，他的头，两只胳膊，两条腿分别和五匹马连在一起，指向了五个方向。

　　他的脸向了大地。

　　黄土地。

　　回顾商鞅，

　　一年，卫鞅闻是令下，西入秦，因景监求见孝公。

　　二年，天子致胙。

　　三年，卫鞅说孝公变法修刑，内务耕稼，外劝战死之赏罚，孝公善之。甘龙、杜挚等弗然，相与争之。卒用鞅法，百姓苦之；居三年，百姓便之。乃拜鞅为左庶长。其事在《商君》语中。

　　七年，与魏惠王会杜平。八年，与魏战元里，有功。十年，卫鞅为大良造，将兵围魏安邑，降之。十二年，作为咸阳，筑冀阙，秦徙都之。并诸小乡聚，集为大县，县一令，四十一县。为田开阡陌。东地渡洛。十四年，初为赋。十九年，天子致伯。二十年，诸侯毕贺。秦使公子少官率师会诸侯逢泽，朝天子。

　　二十一年，齐败魏马陵。

　　二十二年，卫鞅击魏，虏魏公子卬。封鞅为列侯，号商君。

二十四年，与晋战雁门，虏其将魏错。

孝公卒，子惠文君立。是岁，诛卫鞅。鞅之初为秦施法，法不行，太子犯禁。鞅曰：'法之不行，自於贵戚。君必欲行法，先於太子。太子不可黥，黥其傅师。'於是法大用，秦人治。及孝公卒，太子立，宗室多怨鞅，鞅亡，因以为反，而卒车裂以徇秦国。"

关于商君之死：

事件可以概括为一句话：秦惠文王杀了商君

秦惠文王杀商君的原因：

1．主要原因：商鞅名望之盛威胁到秦王的利益（今秦妇人婴儿皆言商君之法，莫言大王之法。是商君反为主，大王更为臣也）。

2．次要原因：秦惠文王当太子的时候被商君欺负过……

3．导火线：没落贵族的诬告（公子虔之徒告商君欲反）。

《战国策》还说了一条原因，即"孝公行之八年，疾且不起，欲传商君，辞不受。"但从情理分析，孝公即使很信任看重商君，也没有多大可能要传位给他。

商君事前的表现

《战国策》版："惠王代后，莅政有顷，商君告归。"

在《战国策》中，商君先是拒绝了孝公传位，又在惠文王即位后主动告归，选择了退以保身。

《史记》版："君之出也，后车十数，从车载甲，多力而骈胁者为骖乘，持矛而操闟戟者旁车而趋。此一物不具，君固不出。"

如果相信《史记》的叙述，商君则飞扬跋扈，并拒绝了赵良"归十五都，灌园于鄙"的劝告，没有收敛和归隐。

其实我认为作为一个政治家，商君应该看的到进退之利弊。所以此处，我选择相信《战国策》。

商君事后的表现及原因：

《战国策》版："商君归还，惠王车裂之。"

在《战国策》中没有记载商君逃命或抗命的过程，让人感觉是惠文王很轻易地把他结果了。原因：

1. 善意揣测：商君为了平抑宗室愤怒，为巩固新法减小阻力，甘心被杀。

2. 正常揣测：商君告归之后没有想到惠文王还会杀他，所以毫无防备。

3. 恶意揣测：由于商君酷虐大失人心，大家都想杀死他。

《史记》版：归纳所有，为三个过程，"去之魏"，"魏弗受，复入秦"，"走商邑，北击郑"。

正因为商君起初并未想过造反，他的第一反应是逃亡。而他首先想到的是回魏国。疑点从此处出现：商君为什么要去魏国？难道他不知道魏国人会恨他吗？如果说是因为他想回故土，那么我不认为他"欺公子卬而破魏师"之后还会对魏国恋恋不舍。何况魏国不是秦国唯一的邻国。

第二个疑点是：魏弗受。当时的户籍系统再完善也比不过今天，所以一个人要想隐姓埋名是相对简单的。即使魏国不接纳商君，他也可以隐姓埋名假装不是商鞅。如果他只想保全性命，又怎会傻到一边宣告"我是商鞅"一边进入魏国而被拒绝呢？

第三个疑点是：与其徒属发邑兵北出击郑。这就是所谓的"造反"了。他为什么要造反？是因为走投无路？但之前也论证过，他想保全性命还是有机会的。即使他走投无路，也没必要主动出击，因为仅仅带着"徒属"就与秦国正规军队正面交锋是极其不利的，何况他并无造反的准备。他完全可以固守商邑负隅顽抗——即使这也很消极，但绝对没有"北击郑"失败的快。原因：

1．善意揣测：商君事实甘心被杀，此段为太史公伪造。

2．正常揣测：商君因为毫无防备，心中慌乱，失去了往日水准。

3．恶意揣测：商君在跋扈惯了之后逃亡也不忘摆谱，结果被魏国拒绝。之后索性造反，又因为被过往的胜利冲昏头脑，不自量力主动攻击秦军，结果兵败。

如果商君造反，他的失败原因（此段建立在相信《史记》记载的基础上）

根本原因：力量悬殊。以商君个人的徒属与秦国正规军队抗衡，无论数量还是实力都无法相提并论。

次要原因：商君起初并无造反之心，也没有造反的准备。（否则他在"公子虔之徒告商君欲反，发吏捕商君"的时候就可以直接造反，没必要先逃亡。）

结　论

综上所述，我更倾向相信《战国策》的叙述。

1. 基于《战国策》的猜测

善意揣测：为了退以保身，商君告归。而惠文王早有杀商君之心，更兼没落贵族诬告，惠文王在商君告归之后下手。商君为了平抑宗室愤怒，为巩固新法减小阻力，甘心被杀。

恶意揣测：为了退以保身，商君告归。而惠文王早有杀商君之心，更兼没落贵族诬告，惠文王在商君告归之后下手。由于商君酷虐大失人心，大家都想杀死他。所以他被杀了。

2. 基于《史记》的猜测

善意揣测：商君为了平抑宗室愤怒，为巩固新法减小阻力寻死，故意飞扬跋扈。而惠文王早有杀商君之心，没落贵族乘机诬告。惠文王就此下手。商君甘心被杀，故作无谓抵抗，最终被杀。

恶意揣测：商君飞扬跋扈，没有收敛和归隐。而惠文王早有杀商君之心，没落贵族乘机诬告。商君在跋扈惯了之后逃亡也不忘摆谱，结果被魏国拒绝。之后索性造反，又因为被过往的胜利冲昏头脑，不自量力主动攻击秦军，结果兵败。

都过去两千多年了，真实的历史也没人知道了。聊作猜想而已，看我们自己愿意怎么想。其后补充：

《战国策》"孝公行之八年，疾且不起，欲传商君，辞不受。"

第一点里说："孝公即使很信任看重商君，也没有多大可能要传位给他。"后来突然想到，这种情况可能发生在一种情况下，就是孝公想杀商君，"传位"是为了给惠文王进一步施加压力和制造借口。

事实上，即使孝公与商鞅是知己，孝公也可能为了防止商君夺惠文王的权而想杀他。

商君不辞归的原因，忽略了一个可能：势成难下。在那个情况下，如果主动放弃权力，则会更迅速的死。

是以史记的记述可以理解为商君需要保证个人安全，而非飞扬跋扈。

商鞅生前身后唯一流传至今的，是一部《商君书》，《商君书》并不完全由商鞅本人完成，它涵盖了大量商鞅个人的篇章、上书、对话等档案资料及后人的补充，但是基本都秉承了商鞅的思想。《商君书》重点体现了农战、法治、集权、作壹、去强、弱民、兵法等方面的内容，在这一系列思想的指导下，秦国建立了最具扩张倾向的战时法治社会。可以说，《商君书》是中国唯一一部全面论述治国之道并提出施政纲领及具体实施策略的著作，其中所体现的公平的法治精神、变革精神以及对社会实际问题的处理方法，在今天依然值得我们借鉴和学习。关于商君书，截取了一部分供大家赏阅：

农战第三

原文：

凡人主之所以劝民者，官爵也；国之所以兴者，农战也。今民求官爵，皆不以农战，而以巧言虚道，此谓劳民。劳民者，其国必无力；无力者，其国必削。

善为国者，其教民也，皆作壹而得官爵，是故不官无爵。国去言则民朴；民朴，则不淫。民见上利之从壹空出也，则作壹；作壹，则民不偷营；民不偷营，则多力；多力，则国强。今境内之民皆曰："农战可避而官爵可得也。"是故豪杰皆可变业，务学《诗》《书》，随从外权，上可以得显，下可以求官爵；要靡事商贾，为技艺，皆以避农战。具备，国之危也。民以此为教者，其国必削。

善为国者，仓廪虽满，不偷于农；国大、民众，不淫于言。则民朴壹。民朴壹，则官爵不可巧而取也。不可巧取，则奸不生。奸不生，则主不惑。今境内之民及处官爵者，见朝廷之可以巧言辩说取官爵也，故官爵不可得而常也。是故进则曲主，退则虑私，所以实其私，然则下卖权矣。夫曲主虑私，非国利也，而为之者，以其爵禄也；下卖权，非忠臣也，而为之者，以末货也。然则下官之冀迁者皆曰："多货，则上官可得而欲也。"曰："我不以货事上而求迁者，则如以狸饵鼠尔，必不冀矣；若以情事上而求迁者，则如引诸绝绳而求乘枉木也，愈不冀矣。二者不可以得迁，则我焉得无下动众取货以事上而以求迁乎？"百姓曰："我疾农，先实公仓，收余以食亲；为上忘生而战，以尊主安国也。仓虚，主卑，家贫。然则不如索官。"亲戚交游合，则更虑矣。豪杰务学《诗》《书》，随从外权；要靡事商贾，为技艺，皆以避农战。民以此为教，则粟焉得无少，而兵焉得无弱也？

善为国者，官法明，故不任知虑。上作壹，故民不偷营，则国力抟。国力抟者强，国好言谈者削。故曰：农战之民千人，而有《诗》、《书》辩慧者一人焉，千人者皆怠于农战矣。农战之民百人，而有技艺者一人焉，百人者皆怠于农战矣。国待农战而安，主待农战而尊。夫民之不农战也，上好言而官失常也。常官则国治，壹务则国富。国富而治，王之道也。故曰：王道作外，身作壹而已矣。

今上论材能知慧而任之，则知慧之人希主好恶使官制物以适主心。是以官无常，国乱而不壹，辩说之人而无法也。如此，则民务焉得无多？而地焉得无荒？诗、书、礼、乐、善、修、仁、廉、辩、慧，国有十者，上无使守战。国以十者治，敌至必削，不至必贫。国去此十者敌不敢至，虽至必却；兴兵而伐，必取；按兵不伐，必富。国好力者以难攻，以难攻者必兴；好辩者以易攻，以易攻者必危。故圣人明君者，非能尽其万物也，知万物之要也。故其治国也，察要而已矣。

今为国者多无要。朝廷之言治也，纷纷焉务相易也。是以其君胗于说，其官乱于言，其民惰而不农。故其境内之民，皆化而好辩、乐学，事商贾，为技艺，避农战。如此，则不远矣。国有事，则学民恶法，商民善化，技艺之民不用，故其国易破也。夫农者寡而游食者众，故其国贫危。今夫螟、螣、蚼蠸春生秋死，一出而民数年不食。今一人耕而百人食之，此其为螟、螣、蚼蠸亦大矣。虽有《诗》《书》，乡一束，家一员，犹无益于治也，非所以反之之术也。故先王反之于农战。故曰：百人农、一人居者王，十人农、一人居者强，半农半居者危。故治国者欲民者之农也。国不农，则与诸侯争权不能自持也，则众力不足也。故诸侯挠其弱，乘其衰，土地侵削而不振，则无及已。

圣人知治国之要，故令民归心于农。归心于农，则民朴而可正也，纷纷则易使也，信可以守战也。壹则少诈而重居，壹则可以赏罚进也，壹则可以外用也。夫民之亲上死制也，以其旦暮从事于农。夫民之不可用也，见言谈游士事君之可以尊身也、商贾之可以富家也、技艺之足以糊口也。民见此三者之便且利也，则必避农。避农，则民轻其居，轻其居则必不为上守战也。凡治国者，患民之散而不可抟也，是以圣人作壹，抟之也。国作壹一岁者，十岁强；作壹十岁者，百岁强；作壹百岁者，千岁强；千岁强者王。君修赏罚以辅壹教，是以其教有所常，而政有成也。

王者得治民之至要，故不待赏赐而民亲上，不待爵禄而民从事，不待刑罚而民致死。国危主忧，说者成伍，无益于安危也。夫国危主忧也者，强敌大国也。人君不能服强敌、破大国也，则修守备，便地形，抟民力，以待外事，然后患可以去，而王可致也。是以明君修政作壹，去无用，止浮学事淫之民，壹之农，然后国家可富，而民力可抟也。

今世主皆忧其国之危而兵之弱也，而强听说者。说者成伍，烦言饰辞，而无实用。主好其辩，不求其实。说者得意，道路曲辩，辈辈成群。民见其可以取王公大人也，而皆学之。夫人聚党

与，说议于国，纷纷焉，小民乐之，大人说之。故其民农者寡而
游食者众。众，则农者殆；农者殆，则土地荒。学者成俗，则民
舍农从事于谈说，高言伪议。舍农游食而以言相高也，故民离上
而不臣者成群。此贫国弱兵之教也。夫国庸民之言，则民不畜于
农。故惟明君知好言之不可以强兵辟土也，惟圣人之治国作壹、
抟之于农而已矣。

题记： 商鞅从正反两个方面论述了农战政策，并从九个方面
论述了农战的重要性，提出要根据民众在农战中的功绩受官加爵，
那些儒生、说客、商人不参加农战，不能受官加爵。

译文：

平常国君用来勉励民众的是官职和爵位。可是国家得以兴旺的
根本却是农耕和作战。现在民众用来求取官职和爵位的方法都不是
农耕和作战，而是靠花言巧语和空洞无物的说教，这就让民众学习
奸诈巧舌，不但不能兴国，反而误导了民众。误导了民众，这个国
家就一定会没有实力；国家没有实力，这个国家的力量就会被削弱。

善于治理国家的君主，他教化民众都是要求通过专心务农来
得到官职和爵位。如果不这样做就不会得到官职也没有爵位。国
家废除空谈，民众朴实而且不放荡，民众看见国家给人们的好处
都是从农耕与作战这一途径发出，那么便会专心从事农耕和作战。
民众专心从事农耕和作战，就不会苟且谋求其它事。民众不苟且
谋求其它事，国家的实力就会雄厚，实力雄厚，国家就会强大。
现在国境内的民众都说："农耕和作战可以逃避，而官职和爵位
同样可以得到。"所以那些有才华的豪杰都要改变自己的职业，而
专研学习《诗》《书》，追随其它诸候国的权势，最好的可以得到
高官厚禄，次一点也能得到一个官职；那些社会地位低微的平庸

人便去经商，搞稿手工业，凭借这种方式来逃避农耕和作战。以上情况都出现，国家就要危险了，国君用以上两种人来教育民众，这个国家的实力就一定会削弱。

善于治理国家的君主，粮仓虽然满了也不放松农耕；国家的土地广大，人口众多，也不能让空洞无物的言论泛滥，那么民众就会淳朴专一。民众淳朴专一，那官职和爵位就不能靠花言巧语来取得。不能靠花言巧语来取得官职和爵位，那么奸猾的人就不会产生。奸民不产生，君主就不会受迷惑。现在国内的民众以及据有官职和爵位的人看见朝廷中能靠巧妙的空谈，诡辩的说教来获得官职和爵位，所以官职和爵位就不可能靠国家的法规获得。因此这些人进入朝堂便曲意逢迎君主，下朝回家便图谋自己的私利，用来满足自己的野心。如果这样的话，他们就会在下面卖弄权势，谋取私欲。曲意逢迎君主图谋自己的私利，就不会对国家有利，他们这样做的目的是为了得到爵位和厚禄；私下出卖国家权力就不是忠臣；他们这么做的原因，就是为追求金钱和财利。如果这样的话，希望升官的下级便说："财产多了，那么就能得到高官亲安处之。"并且还说："我不用上金钱财物待奉上级来取得升迁，那么就会像用猫做食饵引老鼠上钩一样，一定不会有什么希望。假如用情感待奉上级来求得升迁，那么就像手牵着已经断了的墨线想校正弯曲的木材，更加没有希望了。因为这两种办法都不能得到升迁，那我怎能不到下面去役使民众，到处搜刮钱财来待俸上级而谋求升官呢？"百姓说："我积极务农，先装满国家的粮仓，收取剩下的粮食供养亲人，替君主舍生忘死去作战，来使君主尊贵，使国家安定。如果国家的粮仓空虚，国君地位就会卑微，家庭就会贫穷，假如这样还不如谋取个官做。"亲戚朋友在交往相聚中，就会考虑不再从事农业生产。有才华的杰出人士会专心学习《诗》《书》，追随外国的权势；普通人会去经商，搞手工业，都靠这些来逃避农耕和作战。君主用这种思想教化民众，那么国库的粮食怎能不减少，而兵力怎能不被削弱呢？

善于治理国家的君主，任命官吏的法规严明，所以不任用那些喜欢卖弄，图谋不轨的人。君主专心于农耕和作战，所以民众就不会苟且经营农耕作战以外的行业，那么国家的力量就集中到农耕作战上。国家的力量集中就会强大，国家崇尚空谈就会被削弱，所以说，从事农耕和作战的民众有一千人，而出现一个学《诗》《书》和巧言善辩的人，那么一千人都会对从事农耕作战松懈了。从事农耕作战的民众有一百人，出现一个人搞手工业，那这一百人就都会放松了农耕和作战。国家依赖农耕和作战而安全，君主依靠农耕和作战才能尊贵。民众不从事农耕和作战，那是因为君主喜欢虚伪的空谈而选用官吏失去了法规。依法选用官吏，国家就能做到社会安定；专心务农，国家就会富强。国家富强而又政治清明，这是称王天下的道路。所以称王的道路不是靠外交，而是自己专心从事农耕和作战罢了。

现在的国君仅凭考察人的才能和智能来使用他们，那么聪明的人就会根据君主的喜欢爱恨来讨君主的欢心，使官吏处理政务千方百计适合君主的口味，因此国家选用官吏就没有了法规，这样国家就会混乱，而民众不会专心从事耕作和作战，善于巧舌游说的人就更加无法无天了。像这样的民众从事的其它职业怎么会不多，而土地又怎么能不荒芜呢？《诗》、《书》、礼制、音乐、慈善、修养、仁爱、谦洁、善辩、聪慧，国家有这十种人，君主就无法让民众守土作战，国家用这十种人治理，敌人到了，国土就一定被割削，敌人不来国家也一定会贫穷。国家没有这十种人，敌人不敢来侵犯，就是来了，也一定会退却；如果发兵前去讨伐敌国，一定能取胜；如果按兵不动，不去讨伐，就一定会富足。国家注重实力，谨慎地进攻。谨慎地进攻，就一定会兴旺；喜欢空谈的国家轻率地去攻打别国就一定会危险。所以那些有威望的人和英明的君主并不是能运用万物，而是掌握了世上万事万物的规律和要领。因此他们治理国家的办法就是辩明要领罢了。

　　现在治理国家的人多没有掌握要领。在朝廷讨论治国的方法时，说客七嘴八舌众论不一，都想改变对方的观点。因此，国君被不同的说法弄得糊里糊涂，而官吏被这些言谈弄得昏头胀脑，国中的民众也不愿意从事农耕。所以那些国家的民众都变得喜欢空谈和巧辩了，更喜欢从事经商、搞手工业，逃避农耕和作战，如果这样，那国家离灭亡就不远了。国家动荡，而那些有知识的人讨厌法规，商人善于变化，手工业者无所用，所以这个国家就容易被攻破。从事农耕的人少而靠巧言游说吃饭的人众多，所以这个国家就会贫穷危险。那些危害农作物的螟虫等害虫春天生出，秋天死掉，寿命很短，但只要它们出现一次，民众就会因虫害歉收，几年没有饭吃，现在一个人种地却供一百人吃饭，那么这些人比螟虫等害虫对国家的危害更大。如果这样，虽然《诗》、《书》，每个乡一捆，每家一卷，对治理国家一点用处也没有，也不是将贫穷变富有，将弱国变强国的办法。所以以前那些有作为的君主抛弃空谈，依靠农耕和作战来变贫为富，变弱为强。因此说：如果一百人从事耕作，一个人闲着，这个国家就能称王天下；十个人从事农耕，一个人头着，这个国家就会强大；有一半人从事农耕，有一半人闲着，这个国家就危险了。所以治理国家的人都想让民众务农，国家不重视农耕，就会在诸侯争霸时不能自保，这是因为民众的力量不足。因此，其它诸侯国就来削弱它，侵犯它，使它衰败。这个国家的土地就会被侵占，从此一蹶不振，到那时就来不及想办法了。

圣贤的君主懂得治理国家的要领。因此命令民众都把心放在农业上。民众专心务农，那么民众就朴实好管理，有诚信就容易役使，民众诚实便可以用来守城作战。民众专心耕种，那么就很少有奸诈之事，而且看重自己的故土不愿迁移，民众专心于农耕作战，那么就能用奖赏和惩罚的办法来鼓励上进，民众专心于农耕作战，就可以用他们来对外作战。民众同君主亲近，并为了法度去牺牲自己，那么他们早晚就会都去从事农耕作战。民众如果不可以被使用，是因为他们看见靠空谈游说的人待俸君主也可以使自己得到尊贵的地位，商人也可以发财致富，手工业者也能以此养家糊口。民众看到这三种人的职业安适，又可以得财利，就一定会逃避农耕和作战。逃避农耕，那么民众就会轻视自己的居住地。轻视自己的居住地，那么就一定不会替君主守土作战。凡是治理国家的人都害怕民众散漫而不能集中。所以英明的君主都希望民众能将心思集中在农耕上。如果民众专心于农耕和作战一年，国家就能强大十年；如果民众专心于农耕和作战十年，国家就能强大一百年；如果民众专心于农耕和作战一百年，国家就能强大一千年，强大一千年才能称王于天下。君主制定赏罚作为教育民众的辅助手段，所以对民众的教育有常法，治理国家也就会有成绩。

称王天下的君主掌握了统治民众的办法，所以不等君主实行赏罚民众便亲附于君主了，不等君主封爵加禄而民众便从事农战了，不等君主使用刑罚而民众就拼死效命了。在国家危亡、君主忧虑的时候，巧言善辩的空谈之士成群，但对国家的安危没有任何益处。国家面临危亡，君主忧虑是因为遇上了强大的敌国。君主不能战胜强敌，攻破大国，那么就要修整用于防御的设施，考察地形，集中民众力量来应付外来的战事，这样灾难就可以消除了，而称王天下的目的也就达到了。因此英明的君主治理国家应专心于农耕和作战，清除那些无用的东西，禁止民众学习那些空洞浮华的学问和从事游说等不正当职业，让他们专心于农耕，这样国家就能富强，民众的力量也可以集中了。

现在各国国君都担心自己的国家危亡而且军事力量薄弱，却愿意听游说之客空洞的议论，说客们成群结队，絮烦无有的言谈没有什么实际用处。君主爱听他们的辩说，不去探求这些言谈的实用价值，因此说客们非常得意，无论走在什么地方都巧言诡辩，一伙又一伙成群结队。民众看这些人能用这种本领取悦王公大臣，便都学习他们。于是这些人结成党羽，在国内高谈阔论，夸夸其谈，普通人喜欢这么做，王公大臣高兴他们这样。因此国中民众务农的人少而靠游说吃饭的人多。游说的人多，那么从事农耕的人便会懈怠，务农的人懈怠了，那么田地就会荒芜。学习花言巧语空谈成风，民众就会放弃农耕而高谈阔论。民众放弃农耕，改为靠高谈阔论吃饭，并且凭花言巧语获取尊崇。所以民众远离君主，而不臣服的人成群结队。这就是使国家贫穷、军队薄弱的原因。如果国家凭空谈使用民众，那么民众就不喜欢从事农耕。因此只有英明的君主知道喜欢空谈不能用来增强军队的战斗力、开疆辟土，只有圣明的人治理国家靠专心于农耕和作战，集中民众的力量罢了。

错法第九

原文：

　　臣闻：古之明君错法而民无邪，举事而材自练，赏行而兵强。此三者，治之本也。夫错法而民无邪者，法明而民利之也。举事而材自练者，功分明；功分明，则民尽力；民尽力，则材自练。行赏而兵强者，爵禄之谓也。爵禄者，兵之实也。是故人君之出爵禄也，道明。道明，则国日强；道幽，则国日削。故爵禄之所道，存亡之机也。夫削国亡主非无爵禄也，其所道过也。三王五霸其所道不过爵禄，而功相万者，其所道明也。是以明君之使其臣也，用必出于其劳，赏必加于其功。功赏明，则民竞于功。为国而能使其民尽力以竞于功，则兵必强矣。

　　同列而相臣妾者，贫富之谓也；同实而相并兼者，强弱之谓也；有地而君或强或弱者，乱治之谓也。苟有道，里地足容身，士民可致也；苟容市井，财货可聚也。有土者不可以言贫，有民者不可以言弱。地诚任，不患无财；民诚用，不畏强暴。德明教行，则能以民之有为己用矣。故明主者用非其有，使非其民。

　　明王之所贵，惟爵其实，爵其实而荣显之。不荣，则民不急列位；不显，则民不事爵；爵易得也，则民不贵上爵；列爵禄赏不道其门，则民不以死争位矣。人君而有好恶，故民可治也。人君不可以不审好恶。好恶者赏罚之本也。夫人情好爵禄而恶刑罚，人君设二者以御民之志，而立所欲焉。夫民力尽而爵随之，功立而赏随之，人君能使其民信于此如明日月，则兵无敌矣。

人君有爵行而兵弱者，有禄行而国贫者，有法立而乱者。此三者，国之患也。故人君者，先便请谒而后功力，则爵行而兵弱矣。民不死犯难而利禄可致也，则禄行而国贫矣。法无度数，而事日烦，则法立而治乱矣。是以明君之使其民也，使必尽力以规其功，功立而富贵随之，无私德也，故教流成。如此，则臣忠、君明，治着而兵强矣。故凡明君之治也，任其力不任其德，是以不忧不劳，而功可立也。

度数已立，而法可修。故人君者不可不慎已也。夫离朱见秋豪百步之外，而不能以明目易人；乌获举千钧之重，而不能以多力易力。夫圣人之存体性，不可以易人，然而功可得者，法之谓也。

题记：错通"措"，就是施行的意思。可译为实行法治。

译文：

我听说：古代英明的君主推行法治，民众就没有犯罪的邪恶行为；发动战争，就会造就干练的人才；实行赏罚，军队就会强大。这三个方面是君主治理国家的根本。君主推行法治民众没有邪恶行为，这是因为国家的法度严明而民众认为对自己有利；进行战争能造就人才，这是因为功劳分明，民众就全心全意为国家出力；施行赏罚军队力量强大的原因是指爵禄俸禄而说的。爵位俸禄是军队用来奖赏的财物。因此，君主颁发赐予爵位俸禄，必须遵循公开公正的原则。遵循公开公正的原则国家就会一天天强大；遵循原则不公正，国家就会一天天削弱。所以发出爵位俸禄的原则公正还是不公正是国家生死存亡的关键。那些被削弱的国家，亡国的君主，并不是没有颁发爵位俸禄，这是因为他们颁发爵禄所用的方法是错误的。三王五霸，他们所运用的方法不过是授予爵位、奖赏俸禄，可是他们所达到和功效与其他君主相比高一万倍，原因是他们奖赏爵禄的原则正确。因此，英明的君主使用他的臣子和民众时，重用他们，一定是因为他们对国家的功劳，奖赏他们一定要加在他们在功绩上。论功行赏原则明确，那么民众就会争着立功。治理国家能让民众争着立功，那军队就强大了。

本来是处在同等地位的人而一方使另一方成了奴隶，这是因为贫富不同；富裕程度相同的国家却相互兼并，这是因为国家强弱不同；因为拥有了土地而做了君主，可国家有的强大有的弱小，这是政治昏庸与政治清明不同。如果拥有道路与居报，有土地足可以安身，有才能的人和民众就能吸引过来；假如置身于进行买卖交易的集市中，便可以聚集财富。战友有土地就不能说贫穷，拥有民众就不可以说自己弱。土地被正确使用就不愁没有财富；民众被正确役使，就不会惧怕强暴的敌人。君主的品德圣明，法令能执行，那么就能使民众所有的力量为自己所用。所以英明的君主能利用不是自己的东西，役使不属于自己的民众。

英明的君主所重视的，只是按照实际情况授予官爵，依据实情授予爵位，使他们感觉到荣耀显贵了。假如不荣耀，那么民众就不急于得到爵位；假如觉得不显贵那民众就不会追求爵位；爵位容易获得，那么民众就不认为君主赐给的爵位尊贵。颁发爵位，给予俸禄奖赏不遵循正常的门路，民众就不会拼死争夺爵位了。人天生就有喜欢和讨厌的东西，所以君主能利用它治理好民众。

因此君主不能不了解清楚民众的爱好和厌恶的习性。民众的喜好和厌恶是使用奖赏和刑罚的根本原因。人之常情是喜欢爵位俸禄而讨厌刑罚，所以君主设置这两样逢迎民众的志向，而设立民众想要的爵禄。民众用尽了力，那爵位也随着得到，建立了功绩，那奖赏也跟着得到了。君主假如能让他的民众相信这一点像想念明亮的太阳和月亮一样，那军队就会天下无敌了。

　　君主有爵位颁发，军队的实力反而弱，有俸禄发放，可国家依然贫穷，有的国家法度确立了，而社会政治还是乱了，这几种情况是国家的祸患。如果君主先看重宠臣的求情请托，而把有功劳的人放在后面，那爵禄颁发了，而军队就实力就削弱了。民众不拼死作战而利禄爵位就能得到，那俸禄发放了而国家却贫穷了。法令没有标准，而国家的事务一天天增多，结果是确立了而社会政治混乱了。所以英明的君主役使他的民众使他们一定用尽全力来谋求立功的事，功绩建立了，而富贵便随之而来，除此之外国家没有私下的奖赏，所以国家的政令就能够成功执行。像这样就会君主英明，臣子忠诚，政绩显着而军队强大。所以英明的君主治理国家，根据民众为国家出力的情况加以任用，而不是根据私人恩德使用。因此，不担忧不劳累便将功绩建立了起来。

　　法度的标准确立了，法令才可以执行。因此君主不能不慎重地对待自己。离朱能在百步之外看清鸟兽身上细小的毛却不能将他的好眼力转给别人，乌获能举起上万斤的重物，却不能将大力气转给别人。圣人自身所具有的特殊禀性，也不能转给别人，但是功业却可以建立，这是因为凭借法治啊。

战法第十

原文：

凡战法必本于政胜，则其民不争，不争则无以私意，以上为意。故王者之政，使民怯于邑斗，而勇于寇战。民习以力攻难，故轻死。

见敌如溃，溃而不止，则免。故兵法"大战胜，逐北无过十里。小战胜，逐北无过五里。"

兵起而程敌，政不若者，勿与战；食不若者，勿与久；敌众勿为客；敌尽不如，击之勿疑。故曰：兵大律在谨，论敌察众，则胜负可先知也。

王者之兵，胜而不骄，败而不怨。胜而不骄者，术明也；败而不怨者，知所失也。

若兵敌强弱，将贤则胜，将不如则败。若其政出庙算者，将贤亦胜，将不如亦胜。政久持胜术者，必强至王。若民服而听上，则国富而兵胜，行是，必久王。

其过失，无敌深入，偕险绝塞，民倦且饥渴，而复遇疾，此其道也。故将使民者乘良马者，不可不齐也。

题记： 战法就是作战方法，本篇论述了作战致胜的根本原则。

译文：

一般说来，战争的策略必须以政治上的胜利为根本。有政治上的胜利，人民才不争夺。人民不争夺，才不逞个人的意志，以君上的意志为意志。所以成就王业的国君的政治，使人民乡里械斗就胆怯，和敌人作战就勇敢。人民习惯于用力量攻打凶险的地方和强悍的敌军，所以没有怕死的心情。

看见敌兵像水决一般地崩溃，奔跑不停，那就放他跑吧！兵法曾说："大战打胜了，追赶败兵，不要超过十里。小战打胜了，追赶败兵，不要超过五里。"

军队一动，先要衡量敌国。我们的政治赶不上敌国，就不要和它作战；我们的粮食赶不上敌国多，就不要和它相持；敌兵比我们多，我们就不要做进攻的客军；敌国一切都赶不上我们，我们就向它进攻，不必犹豫。所以说：用兵的重大法则在于谨慎，研究敌情，考察双方兵力的多少，或胜或败，是可以预先知道的。

称霸天下国家的军队，打了胜仗不骄傲，打了败仗不抱怨。打了胜仗不骄傲，是因为战术高明，打了败仗不抱怨，是因为知道了打败仗的原因。

如果敌我双方军队实力强弱相当，将领的水平超过敌人的就能获胜，将领的水平不如敌人的就会打败仗。假如战前的决策出朝廷的谋划，将领超过对方的会取胜，将领不如对方也能取胜。在政治上长期掌握获胜的战术，国家就一定能强大。直到称王天下。如果民众服从并听信君主的治理，那么国家就会富强，而且军队打胜仗，执行这一原则，就一定能长期称王天下。

用兵的错误，要害是轻敌冒进，使军队背靠险地，渡过边塞，使众人疲倦而饥渴交加，再加上遇到疾病流行，这是错误的用兵方法。所以将领役使民众，像骑一匹马似的，不能不小心啊。

最后，谈几点从商鞅身上得到的启示：

（1）社会生产力的发展决定社会的经济制度和政治制度。当一种制度不适应生产力的发展时，就必须对之进行改革。当时而立法；因事而制礼"，"治世不一道，便国不必法古"，商鞅学派的这一变法原则至今仍具有普遍的积极意义。商鞅变法的成功，不仅是中国历史上的丰功伟绩，而且也是中华民族的一种精神财富。它说明新制度终将取代旧制度；顺应历史潮流的改革事业必然取得胜利，并且不可逆转。

（2）社会历史的发展不仅具有阶段性，而且具有连续性。阶段性主要表现为生产力水平的不同，经济制度和政治制度的不同：连续性则主要表现为一个民族的传统文化的沿革。生产力是最活跃的因素，而传统文化则是一种具有情性的力量。当经济制度和政治制度不适应生产力的发展而发生变革时，这种变革必然与传统文化发生某些方面的冲突。一种制度不可能造就一种全新的文化，而只能对传统文化因势利导，转变其原有的形态；决定其继续发展的方向。当一种制度试图斩断与传统文化的瓜葛，或以一种狭隘的实用标准来对文化进行取舍时，它势必造成自身的意识形态的匮乏。

（3）因经济制度和政治制度受生产力发展水平的制约，所以每一种新制度与旧制度相比只具有相对的优越性，而不可能十全十美。制度无暇论或制度万能论是一个不切实际的幻想。如果一种新制度缺少适宜的、丰厚的意识形态的辅翼。制导和调节，那么这一制度的局限或弊病必然迅速地、充分地显示出来，从而造成运转的失序。社会的危机。因此，一种新制度必须妥善处理与传统文化的冲突，善于从事传统文化的转型工作，在对传统文化进行批判继承的基础上从事新文化的创造综合，建成自己的意识形态。

（4）传统文化的延续总是与一定的经济制度和政治制度相联系的，因而它也具有历史发展的阶段性，亦即它在历史发展的某个阶段上表现为某种经济制度和政治制度的意识形态。当旧制度衰朽。新制度萌生时，新的历史经验必然产生出新的思想观念。新旧制度的冲突和新旧思想的冲突是不可避免的。新制度的建成需要具有新思想的人充分发挥历史主体的能动性和创造性，大胆改革。

勇于开拓的进取精神是新制度得以建成和确立的必要条件。新的思想观念产生于新的历史经验，而新的社会进步则有赖于新制度的建成和确立。传统文化中的某些因素有可能力新思想的产生提供了某种逻辑上的可能，但这种可能如果没有新的历史经验的刺激则无法成为现实。传统文化在新旧制度的变革时期也要经历一个自身的转型时期，它直接服务于旧制度的那部分思想内容将得到继承和发扬，并与新的思想观念进行整合，从而上升为新制度的意识形态，一个文化由此得以延续和发展，而新制度与新文化的结合又共同推动社会历史的进步。在这里，新的历史经验和新思想，新的历史创造性和新制度，是传统文化实现转型的决定因素。因此，文化决定论和文化宿命论是错误的。文化保守主义在新旧制度和新旧思想激烈竞赛的历史时期，有可能力保留传统文化中一部分有价值的遗产做出积极贡献；但文化保守主义如果不与新制度和新思想结合，那么则必将受到历史的淘汰。

（5）社会生产力的进步和新制度的建成总是与社会主体对物

质利益的追求相联系的。在旧制度衰朽，新制度萌生的过渡历史时期，社会主体总要打破原有的秩序。正如恩格斯所说："一方面，每一种薪的进步都必然表现为对某一种神圣事物的亵渎，表现为对陈旧的、日渐衰亡的，但为习惯所崇奉的秩序的叛逆，另一方面，自从阶级对立产生以来，正是人的恶劣的情欲—贪欲和权势欲成了历史发展的杠杆，而这种背离在新旧制度交替时期尤为严重。

　　悠悠岁月，掩盖了两千多年前的历史，任由多少评说者对商鞅口诛笔伐，大加笞挞，但是历史真相终究会浮出水面，商鞅变法作为中国历史上最伟大、最成功、最彻底的一次变法，以雷霆万钧之势改写了华夏历史的命运，奠定了华夏文明的基础，煌煌功绩，凿凿在册，成为照亮整部中国历史的一道闪电。虽然商鞅最终不能免祸，但却没有出现人亡政息的悲剧局面，秦国后继的君臣传承了商鞅的秦法，力行法治，终能一扫六合，统一天下，而后世皆承秦制，仅仅是略作改良而已，这足以证明，商鞅之法得到了最深彻的成功。以布衣士子之身而能影响华夏两千余年，政治文明框架沿用至今，商鞅可谓千古一人，万古法圣，舍此其谁？